이분법
사회를
넘어서

서울대
송호근 교수의

이분법
사회를
넘어서

一 송호근 지음 一

● 차례

들어가는 말: 너도 나도 모두가 헷갈리는 사회　6

01 우리에겐 시대를 읽는 눈이 필요하다
말도 많고 탈도 많은 헷갈리는 대한민국　17
노무현 때문에, 이명박 때문에　23
잃어버린 17년을 찾아서　27
시대방정식을 찾아서　35

02 우리는 왜 소통할 수 없는가?
그래, 씨바! 총수가 등장하다　41
애초에 이럴 일은 아니었다　46
그들에겐 그런 소통이 없었다　49
듣기에는 미숙하고 말하기엔 서툴렀던 당신들　52
참을 수 없었던 미네르바 그리고 가카 헌정 방송　56
교양시민, 그들은 어디로 사라졌는가?　63

03 CEO 대통령에겐 무엇이 없었나?
과잉의 정치, 초라한 정치　83
척후병에겐 큰 그림이 없었다　87
그에게 국민은 여전히 직원이었다　92
내려갈 땐 보았네, 올라갈 때 못 본 그 꽃　95
300조! 그 돈의 실체는?　101
5년마다 반복되는 고유의 풍토병　104

04 악마의 맷돌은 왜 다시 돌기 시작했는가?

그들은 왜 쫓겨나고 파산했는가? 111
메뚜기떼, 벌떼, 새떼, 그들이 노리는 것들 116
뉴욕의 택시기사, 미래를 포기하다 122
불운의 황제 고종 그리고 노무현 127
309일의 역사 134
양극단 사이에서 138

05 지금 우리에게 필요한 것은 무엇인가?

우리가 직면한 두 가지 난제 153
잘나가는 스웨덴엔 이것이 있었다 155
한국의 김철수 부장 vs 핀란드의 페우란헤이모 이사 160
우리가 몰랐던 복지의 진실 163
대한민국 국민 절반에겐 없는 것 168
경계하라! 곧 닥칠 대박세일을 173
마이클 샌델, 그의 인기 비결 177
상식이 통하지 않는 이유 182
얽힌 실타래를 풀어드립니다 189

06 새로운 미래는 어떻게 만들 수 있는가?

독일의 힘, 그 핵심을 논하다 197
그들에겐 있고 우리에겐 없는 206
선택의 기로에서 233

맺음말: 우리집 큰아이의 한마디! 240

| 들어가는 말 |

너도 나도
모두가 헷갈리는 사회

　헷갈리죠? 이 시대가, 매일 터지는 사건이, 쏟아지는 사회적 쟁점들이? 그 속에서 나를 어디에 두어야 할지, 어떤 기준으로 살아가야 할지 헷갈리실 겁니다. 판단기준을 애써 찾아낸들, 목청을 돋워 자신을 외쳐본들 세상은 끄덕하지 않고 외려 철저하게 소외된 자화상을 되돌려줄 겁니다. 대체로 그렇습니다. 세상살이가. 누추한 자화상을 붙들고 그래도 고립되지 않으려 안간힘을 쓰는 것이지요. 이 시대, 네트워크가 번성하는 이유도 그런 겁니다. 나에 대한 확인, 나와 공감하는 익명의 동지들이 이 땅 어디에선가 응답의 부호를 보내고 있다는 사실이 기쁜 거지요. 익명의 교신 속에 확신이 싹트기도 합니다만, 교신의 무리가 잠시 뭉쳤다 흩어지는 허무한 '사이버 도당(徒黨)'이기 일쑤입니다.

　쟁점들은 빠르게 소멸되고 새로이 나타납니다. 정리도 되기 전에 또 다른 쟁점들을 쏟아내는 한국사회에서 줏대 있게 살아가기란 이렇게 어렵습니다. 작가 김훈이 불평한 것처럼, '너는 어느 쪽인가'를 매일 질문해대는 사회를 등지고 완전히 고립하기란 또한 불가능합니다. 기인(奇人)이 아닌 다음에야 자신의 망명처에 젊은 시절을 은

닉시키는 것은 스펙 천국인 이 시대의 요구를 거부하는 것, 결국 자 발적 도태를 뜻하는 것이지요. 1970~80년대에는 그것이 가능했습니 다. 독재의 반대편에 서면 항상 정의로웠습니다. 일말의 회의도 없었 지요. 정의 개념이 명료했습니다. 독재와 민주의 간단한 이분법이 가 치관과 행동수칙을 제공했습니다. 감시의 눈초리가 번득였던 그 시 대엔 문학과 예술이 망명처였습니다. 독재정권도 어찌할 수 없었던 그 상상력의 공간에서 청년들은 자유로웠고 확신에 차 있었습니다. 고뇌의 심도가 어느 정도인가가 유일한 스펙이었던 시대, 사람들은 이분법적으로 싸웠고, 이분법적으로 승리했습니다.

그 명료한 이분법으로 승리를 쟁취한 세대가 우리에게 다시 이분 법을 요구하고 있습니다. 이분법(dichotomy)의 시대가 가고 다분법 (multichotomy)의 시대가 도래했는데도 말입니다. 민주화 25년, 헷갈리 며 살아왔습니다. '너는 어느 쪽인가'라는 이분법적 논리가 여전히 강 하게 지배하는 한국에서 다분법 논리를 얘기하는 사람은 '헷갈리는 사 람' 취급받기 십상입니다. 시대는 분명 다분법의 지대로 진화했습니다 만, 한국사회는 이분법적 정의를 요구하는 쟁점들이 여전히 많이 남아 있고, 아주 중대한 정치적·사회적 갈등이 이념분쟁의 경계선에서 자주 일어나기 때문입니다. 판단중지도 중요한 판단인데, 매사에 판단중지를 선언하면 줏대 없는 사람이 되겠죠. 심야토론, 백분토론, 끝장토론에서 활약하는 전문가들의 달변과 수사학적 언술, 확신에 찬 논리가 가끔 부럽기도 합니다. 독자들도 같은 심정일 겁니다. 많은 지식으로 무장한 단호한 사람들의 준엄한 매력에 투항하는 것도 한 방법입니다만, 헷갈리는 사람도 나름 매력을 갖고 있습니다. 고심의 매력! 최종 판단기준을 찾는 인간적 방황의 매력! 작지만 소중한 덕목을 포기하지 않으려는 심사숙고의 매력이 그것이겠죠.

저는 단호한 논리로 무장한 사람을 경계합니다. 단호한 글을 경계합니다. 그 논리는 결국 시대의 변화와 더불어 흘러갈 것이기 때문이죠. 그렇다고 불변의 진리를 추구하는 철학자는 아닙니다. 판단을 내려야 할 것들과 매일 대면하고, 나의 판단을 보여줘야 하는 사회학자이자 칼럼니스트이기 때문입니다. 저는 20년간 칼럼을 써왔습니다. 대중과 대화를 한 것이죠. 칼럼쓰기는 나의 사회적 실천이자 정치적 참여입니다. 그런데 독자들과 마찬가지로 매일 헷갈립니다. 헷갈리다 못해 전전긍긍할 때가 한두 번이 아닙니다. 일필휘지로 정치·사회 현상을 분해했던 칼럼니스트가 헷갈린다고 하니 약간 위로는 될 겁니다. 이분법이 강하게 작동하고 있는 다분법시대에는 헷갈리는 것이 정상입니다. 그런데 나를 헷갈리게 하는 이 시대의 구조, 나의 존재와 인생항로를 결정하는 시대의 도면(圖面)을 알고 헷갈리는 것과 모르고 헤매는 것은 다릅니다. 저는 '약간' 알고 있습니다. 아주 '약간'이라고 해야겠죠. 매일 그 도면을 분해하는 것이 나의 직업이니까요. 그래서 그 구조, 내가 한국의 '시대방정식'이라 명명한 도면을 보여주고자 하는 것입니다. 최근 한국사회를 들끓게 하는 중대한 쟁점들이 그 도면의 어디에 위치하고 있는지를 독자들께 보여주고자 합니다. 설계도면 없는 방황은 그냥 방랑이지 주관을 찾는 여행과는 거리가 멉니다. 득도한 척하는 사람들은 이 도면 어딘가에 자신의 깃발을 이미 꽂았을 겁니다만, 부러워하지 마시기를. 이 책을 다 읽고 난 후에 그 위치를 확정해도 늦지 않다는 것을, 지난 20년간 500여 편의 칼럼을 써온 저자도 깃발 꽂기를 주저하고 있다는 사실을 눈치챘다면 헷갈리는 그대도 자신에게 조금 관대해질 겁니다.

헷갈림은 '의심의 옹호'입니다. 더 합리적인 대안을 찾으려는 적극적 사유방식입니다. 저는 사유가 미진한 채로 어느 한 편에 가담하는 것을 지극히 경계합니다. 후회할 수 있으니까요. 제가 믿었던 것에 그만 싫증이 나서 가담을 철회할 우려가 있으니까요. 개입과 철회, 지지와 비난을 반복하기보다는 더디더라도 자기 확신의 벽돌을 제조하는 것이 더 중요하다고 생각하는 편입니다. 더디게 쌓은 벽돌이 언젠가는 그럴듯한 사유의 성(城)을 만들어주리라는 기대는 있습니다. '우유부단함'이란 대가를 치르면서 '사려 깊음'을 추구하는 것이지요. 좌우충돌의 시대에 극단을 경계하는 논리를 선보이는 이유도 그렇습니다.

저는 40대 초반 이후, 좌파정권 10년, 우파정권 5년을 겪었습니다. 좌우파 모두 공과(功過)가 있습니다만, 모두 '선머슴 같았다'는 게 솔직한 심정입니다. 좌파는 우파를 부도덕한 집단으로 몰았고, 우파는 좌파를 위험한 사람들로 낙인찍었습니다. 실제로 그런 모습이 없는 것은 아니나, 거꾸로 얘기해도 틀리지 않습니다. 좌파는 자주 부도덕했고, 우파는 자주 위험했다고 말입니다. 그럼에도 국회는 한치의 양보도 없이 폭력사태를 야기했고, 청와대 실세들은 실각한 구세력에 철퇴를 가했습니다. 곧 자신들도 그런 신세가 될 것임을 알면서도 말입니다. 이런 후진적 다툼이 다섯 차례 반복되었고, 지금도 그 이념의 덫에서 벗어나지 못하고 있습니다. 왜 연립정권(coalitional government)을 생각지 않을까? 좌우파가 공동으로 운영하는 정부, 예를 들면 노동부와 보건복지부는 좌파에, 경제부처는 우파에 맡기는 방식, 혹은 현실 사정에 따라 시의적절한 좌우파 혼용도 가능하겠지요. 승자독식의 정권이기에 사생결단의 싸움은 불가피하고, 그 싸움에서 승리하려면 이념의 단호함을 내세워야 합니다. 민주화 25년 동안 좌파와 우파의 이념적 경직성이 더욱 공고해졌던 이유입니다.

  이념이 모든 것의 척도가 되는 시대는 지났습니다. 그러나 한국에서는 '이념에의 헌신'이 성스런 신조처럼 받들어집니다. 정치인은 말할 것도 없고, 언론과 방송에 자주 등장하는 여론주도층들도 이념적 투사를 자처합니다. 산업화와 민주화가 대체로 성공했기 때문에 일어나는 현상입니다. 산업화를 이끈 보수 이데올로기, 민주화를 꽃피운 진보 이데올로기가 각자의 공훈과 정통성을 주장하는 것이지요.

두 이데올로기가 불꽃 튀는 접전을 벌였고, 차기 정권 5년도 그러할 것입니다. 마치 조선 왕조 500년이 성리학의 정통성을 찾아 정쟁의 화염에 휩싸였던 것처럼 말입니다. '정통성에 대한 집념'은 한국인의 이념적 유전자일지도 모르겠습니다만, 이념적 정통성으로 세상을 재단하기에는 현실은 너무 복합적, 다면적 상태로 진화했습니다.

정통성에 대한 집념은 조선을 망국으로 이끌었습니다. 산업화와 민주화 간 정통성 투쟁은 20세기 한국의 성공을 무화시킬지도 모르겠습니다. 한말 개화기 어느 선각자는 중화주의(中華主義)와 대명의리(代明義理)를 버리고 '시세(時勢)와 처지(處地)'를 인식 기준으로 설정하기를 주장했습니다만, 결국 파묻혔습니다. 시세와 처지는 오늘날 한국의 이념투쟁을 종식시키는 데에 꼭 필요한 말입니다. 한국은 도대체 세계시장에서 어디쯤 위치해 있는가라는 질문이 '시세'라면, 우리 내부의 진정한 꼴, 사회적 자화상은 어떠한가라는 물음은 '처지'에 해당할 겁니다. 요즘 말로 하면 '실익'과 '공익'쯤 되겠지요. 좌파와 우파가 모두 인정하는 시세와 처지에 대한 공통 인식은 가능할 겁니다. 좌우파가 공동구역도 못 만들어낸다면 그야말로 집단지

능이 낮은 국가이겠지요. 좌우파의 공동구역을 확인하는 작업이 우선 필요하고, 그것이 확정된다면 다음 단계로 나아갈 수 있습니다. 개혁방안을 좌파와 우파에서 선별적으로 채용하는 것, 좌파와 우파의 연합전선이 그것입니다. 그렇게 되면 정통성 싸움 때문에 더는 헷갈릴 필요가 없습니다. 헷갈리는 7대를 위한 '시중(時中) 프로젝트(시세와 처지에 맞는 정권 프로젝트)'가 지향하는 바입니다.

이 책에서 한국의 '시대방정식'이라 부른 것이 바로 좌우파의 공동구역입니다. 좌우파가 당면한 기본 명제이자 공동 명제이지요. 이것을 어떻게 풀 것인가는 곧 선택의 문제입니다. 정치인의 선택이 아니라 유권자의 선택, 대중의 선택입니다. 이념에 집착하는 정치인들이 우리를 헷갈리게 하는 상태를 방치하지 말고, 우리의 선택을 그들에게 하달해야 합니다. 우리의 현실인식을 방해하는 선명한 이념을 의심해야 합니다. 우리의 시세와 처지가 어떠한가를 차근차근 살펴보는 것으로 그 일을 시작하려 합니다. 이제 그 의심의 문을 열고 독자들과 함께 헷갈리는 여행을 떠나고자 합니다.

— 관악산 연구실에서 **송호근**

01

우리에겐 시대를 읽는 눈이 필요하다

01

말도 많고 탈도 많은 헷갈리는 대한민국 | 노무현 때문에, 이명박 때문에
잃어버린 17년을 찾아서 | 시대방정식을 찾아서

말도 많고 탈도 많은
헷갈리는 대한민국

　몇 년 전 몽골 여행 때 일이다. 고물 버스를 타고 초원을 몇 시간이나 달렸는데도 마을은커녕 사람 흔적조차 찾을 수 없었다. 아예 마을 개념이 없었다. 가끔 지평선에 쓸쓸하게 서 있는 게르(몽골 텐트)를 볼 수 있을 뿐이었다. 운이 좋으면 다리가 짧은 몽골 말을 타고 구릉을 느릿느릿 넘어가는 몽골인을 볼 수 있었다. 이웃 마을로 나들이 하는 주민이었을 것이다.

　시간 개념도 달랐다. 목적지에 도착해 인근 부락에서 축제를 한다고 해서 구경 삼아 가보니 그냥 '점심 후'라고 답했다. '점심 후'는 마냥 애매하고 길었다. 지평선 너머로 그 조랑말을 타고 오는 사람이 하나 둘씩 보였을 뿐이다. 해가 중천을 훨씬 지났을 시각, 사람들이 다 모인 듯하자 촌장으로 보이는 노인이 경주 참가자를 일렬로 세워 놓고 몽골 깃발을 내렸다. 말들은 질주하기 시작했고, 곧 시야에서 사라졌다. 그게 축제였다. 모인 사람들은 잡담을 하거나 몽골주를 마시며 싱겁게 놀았다. 경주마들이 언제 돌아오는지 묻자 '저녁 무렵'이란 답이 돌아왔다. 저녁 무렵 과연 말들이 돌아왔다. 해가 지기 시작한 지평선을 배경으로 가물가물한 점들이 나타나 점점 커지더니 이윽고 웩웩 소리를 지르며 결승선을 통과했다. 그걸로 축제는 끝났다. 별이 밝혀주는 길을 따라 주민들은 각자의 게르로 돌아갔다. 그들은 자정 무렵에나 도착했을 것이다.

주민들은 수도 울란바토르에서 일어나는 일들을 알고 있을까? 정부 정책들이 맘에 안 들거나, 한국에서처럼 대형 부정부패 사건이 터졌을 때 항의할 방법이 있을까? 도대체 사회갈등이란 게 빚어지긴 하나, 아니면 '사회통합'이란 단어가 유목사회인 몽골에 적용될 수 있는가? 의문은 꼬리를 물었다. 몽골에도 최근 휴대전화가 보급되었다 하니 홀로 떨어진 게르도 통신망에 포섭되어 최신 정보를 접할 수는 있을 것이다.

이런 사정은 훨씬 큰 나라인 터키도 마찬가지다. 인구 7600만에 1인당 국민소득 1만 불, 군부독재 치하에 있다가 1983년 이후 민주주의로 전환한 나라이고 보면 여러모로 한국과 유사하다. 주민들은 대개 해안 지역에 몰려 살고 있어서 내륙은 거의 텅 빈 상태다. 몽골처럼 한없이 펼쳐진 초원에 드문드문 사람들이 발견된다. 터키를 띠처럼 두른 해안 지역 총연장은 족히 5000킬로미터는 될 것이다. 이런 지형상의 특성이 사회통합을 저해한다. 정보 유통이 어렵고 지역 간 교류나 소통이 잘 이뤄지지 않는다. 더욱이 이 나라는 종교 갈등과 인종갈등이 중첩되어 성장속도가 느리다. 여기에 오스만제국의 유산인 '강한 군대'가 쿠데타를 자주 일으켰고 민주화 이후에도 막강한 세력으로 남아 빠른 민주화를 방해했다. 서양과 동양이 갈라지는 지역에 자리 잡은 터라 국가정체성도 명확하지 않고, 정권의 이념적 성격에 따라 러시아와 미국 사이를 오락가락했다.

아무튼 땅덩이가 한반도에 비해 네 배 정도는 큰 데다 국민이 주로 해안 지역에 죽 늘어서 살고 있어 이들을 하나의 공론장에 초청하기란 거의 불가능해 보인다. 경제와 문화의 중심지인 이스탄불에서 동쪽 국경지대인 카르스라는 조그만 소도시까지 버스로 스무 시간 넘게 걸리는 광활한 지역 여기저기에 흩어져 사는 국민이 이스탄불이나 행정수도인 앙카라에서 일어난 일을 두고 논쟁을 벌이는 모습을 상상하기는 어렵다. 아마 인터넷과 스마트폰이 지역·인종·종교로 분절된 공론장을 조금 활성화하기는 했을 것이다.

이에 비하면 한국은 특이한 나라다. 특이하다 못해 좀 이상한 나라다. 어느 외신기자가 한국 기자들은 심심하지 않아 좋겠다고 투덜댔다는 것이다. 사건이 쏟아지는 판에 심층취재나 기획기사를 공들여 오래 준비할 필요가 없다는 말이다. 자신들은 30퍼센트를 현장 취재에, 70퍼센트를 기획기사에 할애하는데, 한국 기자들은 100퍼센트를 현장 취재에 쏟아 부어도 모자랄 지경이다. 사건도 많이 발생하지만, 정보량이 많고 유통 속도가 빠르기 때문이다. 전국이 하나의 정보망·인터넷망으로 연결되어 있을 뿐 아니라 여기에 스마트폰까지 가세한다. 지하철에서 일어난 성추행 사건이 실시간으로 전국에 알려지고, 지방도시에서 일어난 작은 사건들, 예를 들면 골프공만 한 우박이 떨어져 과일 농사를 망쳤다는 기사가 곧 인터넷에 오른다. 사소한 흥밋거리를 포함해서 중대한 사건은 곧바로 공론장 도마에 올라 분해된다.

누군가는 하루아침에 스타가 되기도 쉽고 망신살이 뻗쳐 도중하차하기도 쉽다. 사랑을 듬뿍 받던 국민 MC 강호동은 세금포탈 혐의로 방송계를 일시 떠났다. 실제로 그랬는지 안 그랬는지 사실관계가 정확히 밝혀지지 않았는데 언제 돌아올지 기약이 없다. 이제 공인들의 프라이버시 공간은 소멸됐고, 평범한 시민들 역시 자신의 비밀을 간직할 공간이 축소됐다. 휴대전화를 분해하면 소유주의 모든 행태가 백일하에 드러난다. 프라이버시의 소멸이란 대가를 치르면서 한국 국민들은 가용한 모든 정보망을 스스로 가동한다. 사건을 공론장에 던져 공개 평가를 받게 하자는 얘긴데, 사회적 투명성은 점차 나아지겠지만 공론 형성이 어려운 쟁점들은 갈등의 불꽃을 피울 위험이 많다. 그런데 합의점에 도달하기보다는 갈등의 불꽃을 피워 올리는 사례가 더 많다는 점에서 한국은 또한 특이하다. 한국은, 한국인들은 시끄럽고 소란스러운 가운데 조금씩 앞으로 나아간다.

프라이버시의 완전 해체를 지향하는 네티즌들도 최근 불거진 통합진보당 주사파 사태에 대해서는 손을 쓸 수가 없다. 주사파의 이념 성향에 시비를 걸고 싶은 마음은 없다. 1980년대의 시대적 통분을 해결하는 방식은 선택의 자유에 속하고, 그것이 설령 평양의 방식이라 해도 공인이 아닌 한 개인의 문제가 아닌가. 그런데 헌법을 좌우하는 국회의원, 즉 최고의 공인이 되었다면 사정은 달라진다. 자신들의 활동 경력, 가치관, 정치관, 비전을 공론장에 낱낱이 고해야 한다. 그런데 개인 블로그와 통합진보당 홈페이지에서도 상세한 개인정보를 찾기 힘들고, 토론장에서 방청객들이 물어봐도 즉답을 회피했다. 그들만의 회로, 자기들끼리 담론을 주고받는 공간은 따로 있다는 얘기다. 그들이 지향하는 비밀스러운 목표를 일반 시민들에게는 공개하지도 얘기하지도 않는다는 것이 문제다.

주사파의 정신적 고향이 과연 '평양'일까, 이건 사실 차후 문제다. 더 중대한 문제는 지지자들이 아무것도 모른 채 통합진보당에 표를 던졌다는 사실이다. 자신이 산 기차표가 울산행 또는 창원행인 줄 알고 샀는데 평양행이라면, 결국 구매자는 속은 셈이다. 심하게 표현하면 사기를 당했다고나 할까. 투표한 사람들은 기가 막힐 것이다. 표를 물릴 방법이 없다. 주사파 의원들은 국회에서 합법적으로 쫓아내기 전까지 끝내 버틸 것이다. 아마 다른 이슈로 자신들의 문제가 곧 파묻힐 거라는 기대를 안고 말이다. '나는 꼼수다 2' 같은 게릴라 방송이 재개된다면 말이다. 게릴라 방송이 재개되지 않았는데도 주사파 의원들은 여전히 건재하고 대신 통합진보당이 깨졌다.

'나는 꼼수다'는 주류 언론이 꺼리는 민감한 쟁점에 융단폭격을 가해 폭발적인 호응을 얻은 전형적인 사례. '그냥 다이렉트하게' 지른 폭로 방송에 500만 애청자가 들끓었을 정도니 한국의 네티즌들이 얼마나 극성맞은지, 몸 사리지 않고 내지르는 비판에 얼마나 목이 말랐는지 짐작이 가고도 남는다. 나도 '나는 꼼수다'를 몇 번 청취했다. 말장난이 난무하는데 그래도 정권 비판이라는 날카로운 칼날이 번득였다. 비속어와 쌍말을 제거하고 들으면 메이저 언론 '조중동'의 오피니언 리더들이 결코 손대지 않는 성역을 과감하게 건드리는 용기가 돋보였다. 그들의 냉소와 폭로가 객관적 사실에 근거하는지는 확신이 서질 않았는데, 그 '근거 없는 확신'만으로도 게릴라 방송의 요건을 갖추었음에 틀림없었다. 시대정신이란 거창한 용어를 쓰고 싶지는 않으나 '나꼼수'가 쏟아낸 말들이 시대의 중추신경을 어떻게 건드렸는지, 시대정신을 새롭게 구축하는 새로운 방식을 보여주긴 했는지 알쏭달쏭했다. 조금 위태롭게도 보였다. 위태로운 언술과 담화가 조중동의 공식 권력을 무너뜨릴 수 있다면 보기 드문 혁명일 것이다.

'나꼼수'의 춤추는 언어와 자유로운 행보에 비하면 조중동의 오피니언 리더들은 '꼰대'에 속한다. 그런 의미에서 20년을 조중동에 글을 써온 나는 영락없이 꼰대다. 그런 꼰대의 눈에 '나꼼수'의 융단폭격은 위태로워 보였다. 혹시 그들이 쏟아낸 비난의 언어들이 의도와는 달리 자신의 영토로 향할지 모른다는 생각을 했다. 자신의 말에 발목 잡힌 김용민이 자기 진영을 폭파하는 자살특공대로 변신을 강요당한 것은 '닥치고, 정치'의 무한 질주에 이미 내장되어 있었는지 모른다. 자기 참호가 초토화될 가능성을 생각하지 않은 채 타 진영의 초토화에 매진하는 사람들은 반지성적이다.

지성적인 사람이라고 시대의 문제에 정확한 답을 주는 것은 아니다. 조중동의 칼럼니스트들은 최고의 학력과 지성을 자랑한다. 하지만 쟁점 이동이 빠르고 정책 입맛이 빠르게 변하는 한국사회에서, 세대·지역·계층별 가치관과 성향이 서로 엇갈리고, 집단 사이의 투쟁과 갈등 스토리가 5000만 국민에게 동시에 전달되는 한국사회에서 조중동 '꼰대'들의 영향력은 급속히 하락했다. 그렇다는 사실을 그들만 모르고, 조중동 독자들도 잘 모른다. 2040(20대~40대)의 정보채널은 따로 있다. 내 강의실에서도 담당 교수인 내가 《중앙일보》의 칼럼니스트라는 사실을 아는 학생은 두서너 명에 불과하다.

나는 지난 10년간 캠퍼스에서 종이 신문을 펼쳐 읽는 학생을 보질 못했다. 그렇다면 '저는 왕따입니다'라는 사실을 친구들에게 스스로 증명하는 일이나 다름없을 것이다. 인터넷으로 가끔 중대 기사를 엿보기는 하겠지만 매일 그러는 것은 아니다. 5000만 명의 공론장이 하나로 통합되어 있지만, 공론장에 나오기까지 그들은 각자의 정보 네트워크에서 평가 논리를 이렇게 저렇게 발전시킨다. 이런 이유로 공론장은 항상 들끓고 사안별로 분절된다. 개인적으로 여러 개의 정보망을 가동하고, 정보 유통이 빠르고, 쟁점 이동이 신속함에도 합의점을 도출하기는 어려운 한국은 정말 특이한 나라다.

노무현 때문에, 이명박 때문에

그래서 항상 '무엇이 옳은가?'라는 질문에 부딪힌다. 한국은 마이클 샌델의 《정의란 무엇인가?》 같은 지루하기 짝이 없는 책이 100만 권이나 팔린 나라다. 샌델 교수 자신도 어리둥절할 것이다. 중언부언하는 가운데 그가 내린 결론은 상식적이다. 사회정의는 개인적 자유(freedom), 시민적 미덕(civic virtue), 공익(public interest)에 기여하는 이념과 행위다. 그걸 누가 모르는가? 문제는 자유·미덕·공익이 국가마다 사안마다 달리 해석되고, 상황가변적이라는 사실이다. 상황가변성을 십분 참작해서 실행에 옮기는 것이 바로 정치다. 정치는 사회정의를 실현하는 가장 중요한 창구인데 항상 권력투쟁으로 얼룩지고 만다. 권력투쟁을 통과하는 사이 샌델이 강조하는 본래의 사회정의 개념이 굴절되고 왜곡되고 심지어는 내팽개쳐진다. 그래서 정치가 문제다.

지난 총선의 심판론은 나름대로 의미가 있었다. 표심의 총합이 의석 52대 48, 득표 50대 50의 절묘한 균형을 만들어놓았으니까 말이다. 인류 최고의 정치학자 플라톤이 훈수를 두었어도 그런 균형을 생각하지 못했을 것이다. 여당이 절대 열세에 몰린 상황에서 선거가 여당의 근소한 승리와 '홍동황서(紅東黃西)'의 지역 구분으로 귀결될 거라고 정확히 예언한 정치평론가는 없다. 총선 표심은 동쪽 여당, 서쪽 야당으로 정확히 구분됐다. 4대강 사업이 집중적으로 추진된 4대강 하류 지역은 모두 야당으로 넘어갔다. 22조 원에 달하는 정권 사업이 역효과를 냈다는 얘기다. 그것은 지역민이 선택한 정의였다. 민주주의에서 사회정의는 정치적 선택으로 결정된다. 정치는 사회정의를 실현하는 최고의 창구다.

5년 전, 2007년에는 온통 '노무현 때문'이었다. 차가 막혀도 '노무현 때문', 홍수가 져도 '노무현 때문', 북한이 미사일을 발사해도 '노무현 때문'이었다. 지금은 모두 '이명박 때문'으로 바뀌었다. 그 말이 하기 싫어 아예 말도 꺼내지 않는다. 어떤 이는 노무현이 살짝 그립기도 하다는데, 그런 심정을 십분 이해할 수 있다. 너무 시끄러웠던 대통령 노무현은 그래도 소통이 뭔지는 알았다. 이 시대 최고의 소통 전문가여서 너무 말이 많아 탈이었지만. 최고 득표율을 기록하며 당선된 이명박 대통령은 왜 국민들이 자신의 말에 신뢰를 보내지 않는지 반문한다. 사과하면 진정성이 살아날까 싶어 사과도 많이 했다. 결과는 허망했다. 대통령의 말을 믿는 사람이 점점 줄어들더니 급기야는 아예 눈과 귀를 닫았다. 서민 출신인 이명박 대통령이 구사하는 언어는 의외로 CEO적이고, 장바닥에서 오뎅과 떡볶이를 사먹어도 CEO의 연출로 보였던 것이다.

결국 정치를 안 한 탓이다. 정치는 형 이상득 의원을 위시해 몇몇 원로들에게 맡겨두고 본인은 정작 외교와 사업에 열중한 탓이다. 이명박 정권은 정말 특이하게도 '정치 없는 정부(government without politics)'의 전형이었다. 경제와 외교는 그런대로 평점을 줄 수 있는데, 국내 정치는 거의 낙제점 수준이다. 국내 정치가 없었던 까닭에 그런대로 성과를 냈던 경제와 외교도 한데 묶어 낙제점을 주고 싶은 것이 국민들의 심정이다. 기업 프렌들리 정책이 재벌 독점을 부추겼을 뿐만 아니라 G20 같은 세계정상회의가 서민들의 삶과 무슨 관계가 있는가 하는 반발심이 앞섰다. 이명박 정부는 2008년 촛불시위를 이해하지 못했다. 대규모 시민적 저항을 소화해낼 수 있었다면, 불통 정권이라는 비난에서 조금은 벗어날 수 있었을 터인데 정치적 돌파력이 부족했다. 사업에 열중한 '정치 없는 정부'의 당연한 귀결인지 모른다.

'노무현 때문'을 탓했던 5년 전에 사회정의는 '경제'였다. 그래서 경제 대통령이 등극했다. 5년 뒤엔 '이명박 때문'으로 바뀌자 사회정의는 다시 '분배'로 복귀했다. 노무현 대통령이 그렇게 부르짖었던

'분배와 형평'이 사회정의의 최고 화두가 된 것이다. 이렇게 바뀐 정서와 유권자들의 표심 동향을 읽는 데에 남다른 능력이 있는 박근혜 비대위원장은 지난 총선 때 선거 여왕의 면모를 십분 발휘했다. 정권 심판자를 자처하고 나섰을 뿐만 아니라 복지와 분배를 강조한 '덮치기 전술'을 구사해서 민주통합당이 들고 나온 심판론의 뇌관을 제거했다. 민주통합당은 '엎어치기 전술'을 세우지 못해 우물쭈물하는 사이 그렇게 물 좋은 호기를 놓쳐버리고 말았다. 한명숙 대표는 박근혜의 적수가 되지 못했다. 그러나 총선 표심이 대선에도 그대로 표출되지는 않는다는 사실 때문에 양 진영은 긴장한다. 대선에서의 '사회정의'는 따로 있는 것이다. 별도의 시각, 별도의 논리, 별도의 이념이 작동할 것이다. 그게 무엇일까?

  이뿐만이 아니다. 대선 때에 표심을 사로잡을 논리가 개발되고 유포되어도 조금은 객관적으로, 조금은 진영논리에서 벗어나서, 그리고 온갖 지식을 동원해, 옳고 그름을 가리고 적실성을 따질 필요가 있다. 많이 가리고 많이 따져야 헷갈리지 않는다. 가리고 따지는 행위가 갈등을 유발해도 소통 없는 갈등과 소통을 통과한 갈등은 유(類)가 다르다. 가리고 따지는 가운데 사회정의도 업그레이드된다. 정치로 하여금 업그레이드된 사회정의를 선택하도록 압박할 때 불통사회가 소통사회로 서서히 변모한다.

잃어버린
17년을 찾아서

　사회 지도층 대상 강의에서 가끔 이런 질문을 한다. 한국이 갈등 비용을 치르지 않고 자원과 실력을 성장의 결과로 산출해냈다면 현재 국민소득이 어느 정도 될까? 경영인들과 지도층 인사들은 대체로 3만 불 수준일 거라고 입을 모은다. 나도 동의한다. 인상적인 얘긴데, 우리는 대개 1인당 국민소득 3만 불 정도의 실력을 갖추고 있는 듯하다. 그런데 현실은 2만 2000불이다. 1만 불 정도를 다른 데 허비하고 있는 셈이다. 더욱이 경제성장 모범 국가로 꼽히는 한국은 선진국 클럽인 OECD 국가군 중에서 1만 불에서 2만 불에 도달하는 시간이 가장 길었다. 1994년부터 2011년까지였으니 무려 17년이나 걸렸다. OECD 국가들 가운데 국민소득 1만 불에서 2만 불에 도달했던 시간을 보면 일본과 이탈리아가 약 5년, 미국, 영국, 독일, 프랑스, 노르웨이, 스웨덴 등이 10여 년, 호주가 15년 정도 걸렸다. 호주의 경우 당시 노동당 정권이 들어섰기 때문이다. 성장보다 분배에 초점을 맞춘 결과 상당한 진통이 따랐는데, 그래도 갈등 비용을 줄이는 분배제도를 제대로 도입해서 이후 착실히 성장가도를 달렸다. 한국은 뭔가? 호주처럼 15년 동안 분배제도를 잘 정비한 것도 아니고, 갈등 비용을 줄이는 합의 제도를 도입한 것도 아니다. 비용을 쓸데없이 많이 치른 것이다. 성장 모범 국가의 내적 취약점이 무엇인지를 인식할 필요가 있다.

경제성장에도 사회제도가 중요하다는 것은 두루 아는 바이다. 원래 복지국가(welfare state)는 '성장과 분배의 선순환'을 위해 고안되었다. 분배는 소득 수준과 소비 수준, 사회적 헌신도를 높여서 경제성장에 도움을 준다. 말하자면 합의된 정신이 성장 열기로 표출되는 것이다.

선진국의 예를 보면, 분배 갈등은 대체로 국민소득 5000~1만 불 시점에서 발생하는데 이런 국민의 요구에 부응하기 위해 정치는 '분배 정치'로 전환한다. 분배제도를 두고 사민당과 보수당이 각축전을 벌였다. 대개 사민당이 주도하고 보수당이 수용했으며, 국가의 경제 사정에 따라 보수당 집권 아래서도 각종 분배정책이 활발히 도입되기도 했다.

국민소득 2만 불에 도달한 1990년대부터 이 국가들은 성장 패러다임의 일대 전환을 추진했다. '경제 동력의 사회적 생산', 즉 경제 패러다임에서 사회 패러다임으로 전환한 것이다. 국민소득 2만 불 지대란 경제 동력이 사회적으로 생산되는 경제 지대를 뜻한다. 사회제도의 혁신 없이 경제는 성장하지 않거나 정체된다. 가장 중요한 것이 분배제도, 넓은 의미에서 복지제도. 선진국들이 1인당 국민소득 2만 불에서 4만 불 수준으로 빠른 속도로 올라선 것은 이미 분배 및 복지 제도를 제대로 정비하고 성장 전선에 나선 덕이다. 바로 이 때문에 '경제성장의 사회 패러다임'이 중요한 것이다.

분배, 복지제도의 혁신은 이익집단, 인구집단, 남녀, 세대 간의 치열한 갈등을 유발하기 때문에 타협을 끌어낼 수 있는 매우 유능한 정치력이 필요하다. 국민소득 1만 불 수준에 이르렀을 때 카리스마 있는 정치인이 등장하는데 이는 우연이 아니다. 레이건(미국), 대처(영국), 미테랑(프랑스), 콜(독일) 등이 이런 유형에 근접한다. 사회 패러다임으로 전환한 이후에는 이런 카리스마 있는 정치인이 소멸되고 테크노크라트 내지 '조정의 정치인'이 등장했다. 시스템이 작동하는 사회에서는 카리스마보다 전문성이 더 필요하기 때문이다.

한국으로 돌아와 보자. 지난 17년 동안 한국은 무엇을 했는가? 외환위기와 금융위기를 차례로 겪으면서 우리는 경제 체질을 세계화 요구에 맞추는 것, 즉 시장경제형으로 전환하는 데에 우선순위를 두었다. 세계화라는 높은 파도에 적응해 생존하려면 우리로선 다른 방법이 없는 불가피한 선회였다. 국가 주도의 경제구조를 시장경제형으로 바꾸는 과정에서 대량 실직, 파산, 공적 자금 투여 등 의외로 비싼 대가를 치렀다. 세계화에 대한 적응은 이제 어느 정도 안착된 듯하다. 그런데 문제는 분배, 복지제도가 뒤따르지 않았다는 데에 있다. 앞에서 지적한 바, 성장을 가속화할 복지제도가 매우 허술한 것이다. 한국은 지난 10년 동안 대체로 5퍼센트 수준의 경제성장률을 기록했지만, 중하층·저소득층으로 성장 효과가 전달되지 않았다. 그래서 정부가 성장 업적을 자주 강조해도 일반 서민들에겐 과장된 홍보로밖에 들리지 않았다. 왜 이렇게 되었는가?

분배정책에 눈을 돌린 것은 김대중 정부였다. 눈을 돌렸다기보다 IMF 구제금융의 조건에 '사회안전망 확충' 또는 '사회 응급 기금(social emergence fund)' 구축이란 전제조건이 붙어 있었다. 김대중 정부가 사회보험(social insurance) 개혁을 시도하여 전 국민 보험시대를 열었던 것은 사실이다. 이른바 사회보장(social security)이 시작되었다는 말이지, 전 국민이 사회보장을 받는 시대가 열렸다는 뜻은 아니다. 이런 정책기조를 노무현 정부가 이어받았다. 그러나 막대한 세금과 이익 투쟁이 예상되는 복지 확대 정책은 경제가 꾸준히 성장하지 않는 한 제동이 걸릴 수밖에 없다.

한국을 포함하여 복지개혁에 나선 다른 국가들도 사정이 비슷했다. 중요한 차이점은, 한국의 경우 경제 수준에 비해 복지제도가 현격히 뒤떨어진다는 사실이다. 경제와 복지의 격차가, 예를 들어 라틴아메리카 국가들에 비해서도 매우 크다. 노무현 정부의 '격차 메우기' 시도는 '현란한 말의 정치'가 낳은 부작용과 보수의 거부로 인해 좌절되었다. 노무현 정권이 내건 '분배와 평등'은 세계화에 적응하는 과정에서 양산된 사회적 루저(social loser)들에겐 매력적인 구호였다. 주로 청년 세대, 미숙련 노동자와 비정규직, 여성 노동자층이다. 노무현 정부의 청와대 홈페이지에는 '시장은 도덕적이어야 한다' '분배는 성장을 위해서도 반드시 필요한 제도'라는 진보정권에 걸맞은 매우 적확한 구호가 적혀 있었다. 하지만 이런 꿈은 좌절되었다. 분배 연합이 성장 연합을 이기지 못한 쓰라린 결과다. 실패의 원인은 성장 연합이 강력한 거부권을 행사한 탓이지만, 분배 연합의 미숙한 정치력도 한몫을 했다. 무엇보다 노무현 정부는 '정치학을 몰랐던 운동정치'의 전형이었다. 필자가 못내 아쉬워하는 대목이다. 복지를 확대할 수 있는 기회, 인간의 얼굴을 한 경제성장을 실현할 기회를 놓쳤다.

양극화 해소를 국정 과제로 설정한 것 또한 노무현 정부였다. 제대로 착안한 목표였으나 노무현 정부는 바로 이 때문에 무너졌다고 해도 과언이 아니다. 양극화의 주범으로 재벌을 지목했고, 재벌과 각을 세우면 성장 전선에 이상이 생기는 모순을 해소하지 못했다. 이 감격스러운 슬로건에 대해 사회적 반향이 작았던 것도 경제 업적이 미흡했기 때문이다. 장기간 지속된 경기침체에 중산층이 더 이상 참아내질 못했고, '분배와 평등'에 따른 부담 증가로 경기가 더욱 악화될 수 있다는 두려움도 작용했다. 분배를 통해 성장이 가능하다는 사실을 '적어도 통치하는 동안'에 입증하지 못했다면, 설상가상으로 거듭되는 정책 부작용으로 시민들의 기대가 꺾여버렸다면, 정책 사령탑의 호소에 귀 기울일 사람은 별로 없다. 시민들은 미래를 내다보기보다 현재의 생계에 더 많은 관심을 갖게 마련이다.

이념의 적실성과 빈곤한 업적 사이의 간극을 노무현 정부는 말로 메웠다. 그것이 중요한 통치양식이었다. 개혁의 내용을 우선 발설해놓고(선언), 시끄럽게 만들고(여론 형성), 반대파를 말로 폭격하는(제압) 방식을 썼다. 한나라당과의 연합정권 제안도 느닷없는 일이었고, 사전 협의 없이 주택정책과 종부세 신설안을 내놓았다. 당시 열린우리당은 그저 뒤치다꺼리하는 일로 바빴는데, 탈당과 해체는 이런 역할에 대한 거부의사의 표현이었다.

참여정권이 손댄 일 중에 평가받을 업적이 없는 건 아니다. 그러나 노무현 정부의 업적은 설화(舌禍)로 증발했다. 아직도 귀에 생생한 '캬~ 그놈의 헌법'은 몇 번째인지 모르는 설화를 일으켰다. 첫 번째 설화는 2004년 3월 노무현 대통령을 탄핵에 빠뜨렸다. 두 번째 설화는 '광화문에 딱 버티고 서 있는 언론기관……'이라는 발언이 일으켰을 것이다. 언론이 아예 그의 입에 재갈을 물리려고 으르렁댔다. 취임과 함께 언론과의 전쟁이 본격화되었다. 모든 분야에서 그랬다. 남북관계를 그다지 잘 운영하진 못했지만, "남북대화 하나만 성공시키면 다 깽판 쳐도 괜찮다"거나, "북한 미사일 발사는 무력 위협이 아니다. 핵실험 징후나 단서도 없다"(2006년 9월 13일)라고 잘라 말해서 그동안 참여정부가 기울인 나름의 노력이 수포로 돌아갔다. 한 달 후 김정일은 핵을 터뜨렸다. 반북 세력이 난리를 쳤다. 그랬더니, "호들갑떨지 말라"고 일갈했다. 핵이 터진 후 대통령은 방북길에 올랐다. 그런대로 괜찮은 성과를 거두고 돌아오면서 국민에게 보고회를 열었는데, 그때만큼 점잖아 보인 적이 없었다. 어려울수록 노대통령의 오기는 살아나는 것이 특징이다. 그래서 이렇게 말했다. "모든 것이 노무현이 하는 것만 반대하면 다 정의라는 것 아니겠습니까? 흔들어라 이거지…… 저 난데없이 굴러들어온 놈, 그렇게 됐습니다"라고. 정권이 말기로 접어들자 대통령의 말은 거침이 없었다. 혹시 오기와 독기를 자제하고, 타협·유연성·포용 같은 리더십을 발휘했다면 어땠을까를 생각해봐야 이미 지난 일이다.

　노무현 대통령을 '설화의 리더'라고 한다면, 이명박 대통령은 '말이 빗나가는 리더'라고 할 수 있겠다. 말은 점잖은데, 서민 심정과 어긋나거나 현실과 괴리된 생뚱맞은 말로 들렸다는 얘기다. 일반 시민의 정서에 전혀 와 닿지 않는 말들은 초기부터 시작되었다. 고소영 내각(고대 출신, 소망교회, 영남 지역)을 꾸릴 때부터, 초기 내각의 장관들이 불법 투기, 불법 매매, 허위문서 작성, 위장전입 혐의로 줄줄이 사퇴할 때부터 이런 조짐이 엿보였다. 촛불시위에 등장한 '명박산성'은 정권의 상징적 의미를 대표하기에 족하다. 민주화 20년이 경과한 시점에서, 시민들의 자발적 시위를 두세 겹의 컨테이너 방벽으로 막아 세우는 모습은 볼썽사나웠다. 누가 그런 참신한 아이디어를 냈는지 의아하다. 용산 참사 역시 그런 발상에서 비롯되었다. 시위대를 제압하는 기술에 관한 한 한국 경찰은 세계적인 경쟁력을 자랑할 터인데, 참사를 빚을 정도로 후진적이었다는 말인가? 더 협상을 할 인내력이 부족했던 것이다. 아니면 이명박 정권은 협상이나 타협 같은 '조정의 정치' 개념에 무지했는지도 모르겠다.

경제 대통령이 그런대로 경제위기를 잘 넘기고 4~5퍼센트 성장을 유지했지만, 국민들의 평가가 지극히 인색한 까닭은 기대와 업적의 격차, 대기업과 중소기업의 격차 때문이다. '경제로 양극화를 해소해달라'는 국민의 기대가 '불통의 늪'을 통과하면서 극심한 실망감으로 반전됐다.

이명박 정부에서 복지제도가 발전하지 않은 것은 아니다. 기존 정부에 비해 가장 많은 복지 예산을 편성했고, 인구집단별로 적실한 맞춤형 복지제도를 다수 도입했다. 대통령은 국민과의 대화에서 여러 번 그 점을 강조했다. '복지 예산을 최고로 편성했고, 경제성장률도 괜찮은데 왜 이렇게 불만이 많은가?' 대통령은 항상 이 점을 의아해했다.

양극화 해소를 위해 동반성장을 추진했고, 미래세대를 위해 녹색성장을 추진하지 않았는가? 맞는 말이다. 그러나 체감효과가 없었다.

지난 5년 동안 경제성장 지표들은 대체로 하향 곡선을 그렸고, 불평등 관련 지표들은 상향 곡선을 그렸다. 나아진 게 없다는 뜻이다. 세계화의 중단기 폐해가 집중되는 집단들, 비정규직, 청년, 여성, 저소득층, 노년층의 생활지표는 악화일로에 있다. 재벌 기업들은 잘나가는데, 중소기업은 비명을 지르거나 도산 위험에 몰렸다. 대통령의 전문성이 가장 잘 발휘될 건설업 역시 지난 4년 동안 기업의 70퍼센트가 도산했거나 법정관리에 들어갔다. 4대강 토목공사는 주로 포클레인과 불도저가 동원된 결과 육체노동자를 위한 일자리 창출에 실패했다. 소소한 복지정책을 도입했는지는 모르겠으나, 복지 담론을 만들어내는 데에는 실패했고, 복지제도가 성장 견인차 역할을 한다는 인식을 끌어내지도 못한 듯하다. 민주통합당이 의욕적으로 제출한 무상급식 법안, 한국 복지제도의 현실로 보자면 조금 생뚱맞은 법안을 둘러싸고 소모적 논쟁이 벌어졌고, 급기야는 주민투표로 결판내야 했다. 오세훈 서울시장은 자신이 해야 할 결단을 시민들에게 내던져놓고 무책임하게 정치판을 떠났다.

아! 노무현. 이제 설화의 리더가 점점 그리워진 것이다. 경제 대통령으로도 안 된다면, 다시 분배 대통령을 불러와야 한다는 정서의 반전이 급격히 일어나는 중이다. 박원순 서울시장은 그래서 당선됐다. 안철수의 편지 정치가 한몫을 했지만, 거기에는 노무현 메시지가 들어 있었던 것이다. '경제와 양극화'가 다시 '분배와 양극화'로 반전된 배경이다. 친노 진영의 대선 후보들은 이런 반전의 불씨를 살려 전국의 들불로 번지게 하고 싶다. 친박 진영의 정치인들은 무상복지의 비현실성을 부각해 '맞춤형 복지'로 맞불을 놓고 싶다. 안철수 교수는 루저들의 기대와 환호를 증폭해서 노무현 정서(분배)와 경제 기대심리(성공한 기업인)를 결합하고 싶다. 이 시대의 키워드, '분배와 양극화'를 둘러싼 드라마틱한 일전, 2012년의 대선정국에서 펼쳐진다.

시대방정식을 찾아서

그리하여, 우리의 운명을, 2012년 대선정국을 결정하는 '시대방정식'은 비교적 간단명료하다. 정치의 성격에 따라 성장과 분배, 효율과 평등, 양극화와 복지가 서로 충돌하고 때로는 결합하는 변화무쌍한 현실 도면은 다섯 개의 변수로 구성된다. 세계화, 정부, 시장개방, 양극화, 분배구조다. 이들의 관계를 간략히 도해하면 다음 그림과 같다.

우선, 좌측 두 개의 변수 '세계화'와 '(한국)정부'가 우리의 현실을 좌우하고 생애 주기에서의 기회를 열거나 닫는 가장 중요한 행위자다. 우측 세 개의 변수는 '세계화의 영향력'과 '정부의 복지정책'이 서로 결합·삼투해서 산출되는 국내의 경제적·사회적 결과들로, 시장개방, 양극화, 분배구조의 연쇄 고리이다. +는 촉진, -는 악화를 뜻한다. 긍정적 효과(+), 부정적 효과(-)는 필자가 임의로 규정한 것

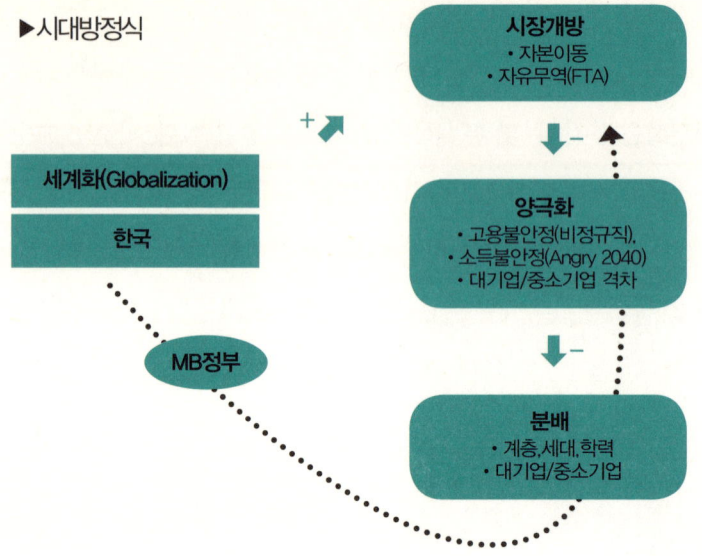

이 아니라, 이 분야의 세계적 연구자들이 내놓은 공통 주장이다. 예를 들면, 미국 하버드 대학 댄 로드릭(Dan Rodrik)교수의 《세계화 너무 나갔나?(Has Globalization Gone Too Far?)》가 대표적 연구일 것이다.[1] 물론, 분석 수준을 미시변수로까지 낮춰 세부 항목 사이의 관계를 따지면 효과의 방향이 달라질 수 있으나, 학계에서 공인된 이론에 따르면 거시 변수 간의 관계는 그림과 같다.

연쇄 고리를 간략히 요약·설명하면 이렇다. "'세계화'는 '시장개방'을 촉진하고, '시장개방'은 '양극화'를 낳으며, 양극화는 분배구조의 악화를 초래한다. 따라서 세계화의 중단기적, 부정적 영향력을 각

---

1) Dani Rodrik, *Has Globalization Gone Too Far?*(Brookings Institute), 1997과 *The Globalization Paradox*(New York: W.W. Norton & Company), 2012 참조.

국 정부가 어떻게 상쇄할 것인가는 복지정책에 달려 있다." 이 시대 방정식은 세계 공통이다. 한국의 경우는 플러스(+), 마이너스(-) 효과가 증폭된다는 게 문제다. 외환위기와 금융위기를 극복하는 과정에서 세계화에 대한 적응력을 높였고(세계화의 명법imperatives을 강하게 수용했고), 이후 40여 개국과의 자유무역협정 추진에서 드러났듯이 시장개방 정책에 드라이브를 건 반면, 복지정책은 매우 낮은 수준을 유지했다는 점에서 그렇다. 세계화의 영향력이 여과장치 없이 국내에 틈입·적용된다는 점에서 이 시대방정식의 양상은 한국에서 더욱 심각하다. 이념투쟁과 사회갈등이 증폭되는 이유이다. 한국은 세계자본주의의 모순과 민주화의 단계별 과제를 동시에 풀어야 하는 상황이다.

그래서 정부는 이런 부정적 영향을 무엇으로, 어떻게 상쇄하고 보완하는가, 이것이 우리의 관심거리다. 악화일로에 있는 양극화와 분배구조를 방치하면 사회통합이 불가능할 뿐만 아니라 사회갈등도 심해져서 생산성이 하락하고 결국 경제성장에 비상이 걸린다. 곡선 화살표는 정부의 보호 정책, 개입 정책을 뜻한다.

세계자본주의의 모순 해결과 민주주의 발전이 중첩된 상황, 이제 한국의 시대방정식이 명백해졌을 것이다. 연쇄 고리가 창출하는 긍정적·부정적 효과가 '어느 정도'인지, 그것을 상쇄하고 보완하는 복지정책(분배정책)이 얼마나 내실이 있을지는 결국 정치체제의 성격, 정권의 이념 성향과 정부 정책에 달려 있다. 그래서 '분배와 양극화' 해결 방안으로 진보와 보수가 내놓은 대안이 달라진다.

민주통합당은 여러 마리의 새를 한꺼번에 잡는 개념으로 '경제 민주화(economic democracy)'와 '무상복지'를 내걸었다. 새누리당은 과격하고 급진적인 정책은 성장동력을 침식할 우려가 있음을 전제로 온건한 경제 민주화와 맞춤형 복지를 내놓았다. 아무튼 복지가 대선정국에서 핵심 담론으로 부상했다. 그렇다면, 우리는, 우리 독자들은, 우리 시민들은 각 항목들에 어떤 입장을 취해야 하는가? 헷갈리는 독자들과 더불어 각 연쇄 고리에 놓인 세부 쟁점들을 가리고 따져보려 한다. 이 쟁점들이야말로 한국의 미래를 결정할 것이다. 여기에 자신의 위치를 명확히 하는 주권의 깃발을 꽂기를 바란다. 자, 이제 쉽지 않은 문제의 넝쿨 속으로 들어가 보자.*

주) 답이 궁금하신 분은 4, 5, 6장을 우선 읽으시기를 권합니다.

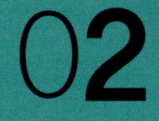

02

우리는 왜
소통할 수
없는가?

02

그래, 씨바! 총수가 등장하다 | 애초에 이럴 일은 아니었다
그들에겐 그런 소통이 없었다 | 듣기에는 미숙하고 말하기엔 서툴렀던 당신들
참을 수 없었던 미네르바 그리고 가카 헌정 방송 | 교양시민, 그들은 어디로 사라졌는가?

그래, 씨바!
총수가 등장하다

딴지일보 총수 김어준은 소통의 대가다. 사람들이 갑갑해하는 것이 무엇인지를 안다. 그냥 본능으로 안다. 마음을 가로지르는 장벽을 무너뜨리는 언어의 대포를 퍼붓는다. '그냥 다이렉트하게'. 그의 문법은 유별나다. 어법에 맞추기보다는 심정에 맞춘다. 성난 심사를 건드려 폭발시킨다. 김용민, 주진우, 정봉주와 히히덕거리는 팟캐스트 '나는 꼼수다'엔 그런 에너지가 있다. 예절과 맞춤법, 공손한 화법에 주눅이 든 50~60대 '꼰대'들은 거부감이 끓어올라 5분도 채 못 듣는다. 필자도 참고 들었다. 제자들이 들어보라고 권해서 참고 들었다. 듣기 시작해 5분까지는 신선했는데, 거부감이 슬슬 고개를 들더니 10분 정도에서 절정에 달했다. 기왕에 듣기 시작한 거 이를 악물고 참았다. 그런데 이상하게도 중독성이 있었다. 멀미약을 먹은 듯 슬슬 괜찮아지더니, 20분을 넘기자 재미가 솔솔 풍겨 나왔다. 그래, 잘한다. 그런 일이 있었구나. 그렇게 볼 수도 있겠구나. 아니 그건 너무 심하잖아, 씨바라니! 이건 방송이잖아, 임마. 너 그렇게 배웠어? 아, 딴지일보 총수지…… 그래! 게릴라식 습격은 그렇게 하는 거야. 그래도 야, 니들 폭로 증거 있니? 증거 없으면 혼날 텐데…… 우.

증거를 걱정하는 것은 꼰대들의 논리였다. '나꼼수'들은 공영방송과 주류 언론이 차마 발설하지 못한 것을 스스럼없이, 그냥 다이렉트하게 발설하는 것이 논리이자 무기였다. 아니면 말고! 그러나 집권 실세들이 왠지 켕겨 한다는 것을 그들은 본능적으로 안다. 대부분 젊은 세대에 속하는 500만 애청자들이 몰렸다. 4인방이 연출하는 말의 폭격에 난공불락의 요새가 속절없이 무너지는 것을 환호하면서, 열심히 일해 성공시대를 열라는, 모든 것을 다 가진 기성세대의 구태의연한 조언을 냉소하는 속어와 은어의 향연에 가담한다. 스펙 경쟁에 지친 젊은 세대, 시급 5000원의 알바로는 자취방 월세도 감당하기 힘든 20대들은 재산이며 권력, 권위를 다 가진 '성공시대'의 주역들이 휘두르는 고답적 권력에 굴종하고야 마는 자신들의 초라한 자화상이 역겨운 것이다. 좌절감과 역겨움으로 시들어가는 청춘을 달래려고 이들은 세대의 소통망에 접속한다. 페이스북, 카카오톡, 블로그, 문자 네트워크로 땅굴처럼 얽힌 여러 겹의 소통망을 이리저리 헤매고 다니다 보면 어느덧 나의 분노는 너의 분노와 결합하고 나의 좌절은 너의 좌절과 만나 사회에 대한 공분으로 발전한다. 공감대가 확산되는 과정이다.

소통망에는 몇몇 동호인들만 출입이 허용되는 비밀스러운 땅굴도 있고 익명의 네티즌들이 수시로 접속하는 광장 같은 땅굴도 있다. 이곳에서 쏟아지는 언어들은 꼰대들의 맞춤법이나 예절 바른 어법과는 판이하게 다르다. 땅굴 정보망에는 은어, 비어, 속어들로 버무려진 사회현상들이 빠르게 유통된다. 사회적 인정(recognition)에서 이탈한, 오히려 그걸 비웃는 개념과 언어들이 땅 위에서 벌어지는 일들을 새롭게 조명하고 재단하고 재개념화한다. 꼰대들이 정의한 개념과는 사뭇 다른 새로운 개념이 세대의 감성을 타고 다시 땅 위로

솟아오른다.

　천안함 사태가 일어났을 때 5060은 북한의 소행임을 의심치 않았다. 2030은 마치 새로운 게임을 분해하듯 요모조모 따져 프로그램 속에 내장되어 있을지도 모르는 버그를 찾아내는 데에 예의 땅굴 정보망을 가동시켰다. 정말 흥미진진한 얘기들이 쏟아져 나왔다. 추리소설 같기도 하고, 탐정소설 같기도 한 기상천외한 아이디어, 혹은 음모설이 천안함 스토리를 여러 버전으로 발전시켰다. 젊은 세대들이 서로 꼼꼼히 따져본 결과는 꼰대들이 내린 결론과 달랐다. 근처에 잠수함이 있었는데, 미국 국적이기도 하고 이스라엘 국적이기도 하다, 천안함이 암초에 좌초되었는데 그걸 솔직히 밝힐 수가 없어서 북한 잠수정 스토리를 끌어들였다, 북한이 발사한 어뢰에 쓰인 1번 글씨가 왜 선명하게 남아 있는가, 그게 불가연성 매직이라면 수출품으로 각광을 받을 것이다. 등등. 결국 젊은 세대의 30퍼센트는 북한 소행이라는 정부 측 주장을 믿지 않았다. 오히려 사태의 본질을 왜곡한 주범으로 이명박 정권의 완고하고 음험한 행태, 아예 문을 닫아건 70년대식 북한 정책을 지목했다. 천안함 프로그램을 요리조리 뜯어본 결과 도달한 매우 흥미로운 결론이었다.

　'닥치고, 정치'의 세계관은 간단명료하다. 우파는 동물, 좌파는 논리. 우파의 원형질은 약육강식의 정글에서 살아남아야겠다는 욕망과 본능이고, 좌파의 원형질은 밀림 속의 공포를 주시하면서 이성적으로 대처하고자 하는 세계관. 우파 동물은 쎈 놈한테 복종하고, 좌파 인간은 쎈 놈을 공동으로 제거해 공포를 줄인다는 간단한 이분법이 이명박 우파 정권에 간단히 적용되면 땅 위의 현실은 모두 탐욕이 만든 허구의 덩어리가 된다. 그리하여 저 넘볼 수 없는 '탐욕의 성'을 이성의 언어가 공격하는 것은 흥미진진하고 정의로운 게임이 되었다. 이 간단명료한 이분법에 의하면, 새누리당은 공주가 지배하는 동물원이고, 민주통합당은 사람다운 사람이 합심·공존하는 이성적 담론장이다. 다이렉트하다. 이 다이렉트한 논법에 젊은 세대들이 흔쾌히 응답했다. 다이렉트한 이분법에 발을 딛고 땅 위에서 일어나는 현실을 꼼꼼히 따져보는 것, 자신들을 옥죄는 구조의 그물을 하나하나 걷어 폐기처분하는 것이 공분하는 젊은 세대가 원하는 바다. 나꼼수가 뜨자 문재인이 떴다.

　이 간략한 이분법엔 번뜩이는 지혜가 엿보인다. 하지만, 다이렉트하게 말한다면 틀렸다. '무학의 통찰'을 학문적으로 구구절절 논박할 필요는 없겠지만, '닥치고 정치'가 출발하는 기본 가설의 오류 한 가지만 지적하자. 우파든 좌파든 '자기 보존(self preservation)' 본능이 인류사회를 성립하게 하는 기본 욕망이라는 점에서 출발한다. 우파와 좌파는 이 욕망을 이성적으로 관찰했다. 좌파만 이성적인 것은 아니다. 다만 타인과의 공존, 즉 사회질서를 성립시키기 위해 내놓는 관점과 해결책이 달랐다. 좌파와 우파는 여기서 결별했다. 우파는 이 욕망이 타인을 침해하지 않도록 '어떻게 억제할 것인가'로, 좌파는 이 욕망을 '어떻게 조직적으로 관리할 것인가'로 내달렸다. 양자 모두 '이성의 공적 활용'이라는 담론의 무기를 들고서. 우파는 시민윤리(civic ethics)를, 좌파는 연대(solidarity)를 찾아냈다. 우파는 결국 '공동체 윤리'에, 좌파는 '계급연대'에 닻을 내렸다. 좌우파의 긴 대립이 시작됐고 아직도 진행형이다. '닥치고 정치'의 출발선, '우는 본능적 반응, 좌는 논리적 대처'라는 무학의 통찰은 그냥 무학의 잡담일 뿐이다.

그런데 왜 '나꼼수'가 돌풍을 일으켰을까? 대중심리의 독해술이 뛰어났기 때문이다. 분노한 세대원들의 소통망을 타고 흐르는 공분에 개념의 옷을 입히고 정체를 알려주기 때문이다. 화풀이의 대상을, 공분의 축제 마당에 내걸 세대의 슬로건을, 난공불락의 공격 대상이 무엇에 취약한지를 알려주기 때문이다. 우파 집권 세력은 그걸 몰랐다. 70년대식의 고답적 자산인 시민윤리, 그것도 독재의 그늘에서 겨우 명맥만 유지해왔던 비굴한 경력을 내세워 세계학의 공세 앞에 점점 팍팍해지는 현실에 적응할 것을 독려해왔던 것이다. 노무현 대통령은 그걸 알았기에 공분을 달래는 언어를 구사했다. 이명박 대통령은 그걸 다른 방식으로 터득한 탓에 다른 언어로 화답했다. 냉온기류가 부딪쳐 전선이 생기듯 집권 세력의 언어는 젊은 세대의 가슴에 닿지 못했다. 김어준의 이런 표현에 박수를 보내는 이유다.

이명박이 항상 나태해지지 말라고 하잖아. 그 말 뜻은 그런 거지. 내가 강한 건 내가 열심히 노력해서, 내가 잘나서고, 내 덕에 내가 여기까지 온 거다. (……) 그러니 날 탓하지 말고, 정권을 탓하지 말고, 네 일이나 열심히 해라. 그런 소리지. 노력만으론 개인이 극복할 수 없는 사회구조 같은 건 보이지도 않아. (……) 성공한 우의 전형적 사고 패턴이야. 모든 문제를 개인의 무능으로 환원시켜, 자신들에게 유리하도록 장악한 시스템 자체에 대해선 시비를 못걸게 만드는 거지, 씨바.

우, 그래 그 말은 맞다. 2008년 6월 초, 광화문 광장을 가로지르는 '명박산성'이 바로 그 증거다. 명박산성, 그것은 '나 불통'이라는 사실을 세상에 고했던 명확한 물증이었다. 소통은 거기에서 끊겼다.

애초에 이럴 일은 아니었다

새 정권 출범 100일 만에 시민과 정권 사이에 바리케이트가 쳐졌다. 필자는 그 성벽 앞까지 가보았다. 그게 뭔지를 확인하고 싶었다. 철망과 강판으로 무장한 전경 차량이 광화문 광장을 반으로 가르며 단단한 성곽처럼 버티고 있었다. 시민 행진은 그곳에서 멈췄다. 촛불이 혜성처럼 흘렀다. 산발적인 구호가 터져 나왔다. 막힌 통로를 뚫으려는 시민들이 바리케이트를 흔들어댔다. 성곽 위에서 앳된 전경들이 조선시대의 수병처럼 머리를 쏙 내밀다 사라졌다. 시민들의 함성은 차량 철갑에 부딪혀 튕겨 나왔다. 시민들은 바닥에 주저앉거나 선 채로 노래를 불렀다. 21년 전, 그 바리케이트는 독재의 철탑이었다. 21년 후, 바리케이트는 대통령의 고집이었다. 그 고집에 질린 시민들의 표정은 지친 기색이 역력했다. 가슴속에 육중한 '전봇대'가

박혀 있는 듯했다.

가슴속의 전봇대, 바로 이것이다. 시민들이 걷어주기를 원했던 것은. 고단한 목소리로 청와대를 향해 외쳤던 메시지는. '국민을 섬기겠다'는 초심을 잃지 않은 모습을 조금이라도 보여달라는 애원이 바리케이트를 넘어 북악 기슭에 부딪혔다. 그랬다면, 부시 대통령에게 하소연하던 자신의 모습을 이순신 장군 동상 너머에 집결한 수만 시위대의 심정에 겹쳐서 볼 수 있었다면 사태는 달라졌을 것이다. 자신의 '작은 실화(失火)'가 산천초목을 다 태울 정도로 발전한 데 성깔을 부리지 않았거나, '재협상 불가'라는 불변의 방침을 고집스레 밀어붙이지 않았다면, 시민들은 가슴속 전봇대를 스스로 철거했을 것이다. 하지만 그러지 않았다. 대통령은 자신의 성공신화의 뇌관인 '고집과 추진력'이 결국 국민성공시대를 개막할 것이라는 믿음에서 한 발짝도 움직이지 않았다. 6·10 시민항쟁 21주년, 성년을 맞은 민주주의를 축하할 겸 시민들은 독재만큼 단단한 '대통령의 고집'과 대적하러 그날 다시 광장으로 갔다.

광장에서 무엇을 할 것인가는 서로 묻지 않는 쪽이 낫다. 마땅한 답이 없으니까. 남녀노소가 격의 없이 토론하고, 대학생과 회사원이 어울려 합창하고, 연인들과 가족들이 소풍 간 듯 즐기고, 주부와 청소년들이 함께 춤추었을 뿐 별다른 기획은 없었다. 일부 편협한 논자들의 선동과는 달리, 그곳엔 조직적 배후, 급진 이념, 음모 집단, 사탄은 없었다. 있다 해도, 축제를 부추기는 소도구들일 뿐이었다. 이런 희한한 인파를 세계 어디에서 볼 것인가? 1987년 항쟁 행렬에겐 적이 분명했다. 비장한 표정 하나로 행군해서 물리치면 그만이었다. 그날의 인파가 원한 것은 투쟁이 아니라 '공명의 주파수'였다. 시민들은 말로 표현하진 않았지만 믿음을 가졌다. 감당하기 어려운 온갖 정치적 사태들이 일어나도 '소통 회로'만은 풍성해지리라 기대했다. 그런데 반사이익을 몽땅 챙겨 등장한 이명박 정권이 경박하리만치, 아주 간단히, 공명을 차단해버리자 시민들은 망연자실했다.

'쇠고기 협상'은 기폭제였다. 이 사태에 임하는 정부의 태도를 보면서 시민들은 민주화 20년의 역사가 시민 요구를 얼마나 잘 대변했는지를 되돌아보고, 정권마다 내세운 이념 정치의 논리와 윤리가 시민 주권을 얼마나 잘 옹호했는지를 되묻게 되었다. 그러고는 '그대들의 정치와 권력' 논리에 생활세계의 순정이 억눌리고 주눅 들었다는 생각에 가슴이 갑갑해졌다. 주기적으로 통증을 앓듯 5년마다 정권이 바뀌어도 지배층의 성곽은 더욱 단단해지고, 보통 삶을 유지하는 사회적·경제적 비용은 더욱 늘어난 현실에 대한 비탄과 분노가 '쇠고기 정국'과 만나 천둥 번개가 된 것이다.

그래서 시민들은 다시 광장으로 갔다. '재협상 요구'가 외교 망신을 자초하고 국운이 걸린 한미 FTA를 망가뜨릴 악수라는 사실을 감수하고라도, 소통 회로를 고쳐 가슴을 짓누르는 육중한 전봇대를 뽑아버리고 싶은 것이 위기 정국의 사회심리였다. 대통령이 취임 며칠 후 직접 달려가 뽑아버린 산업공단의 전봇대는 면장(面長) 정도면 뽑을 수 있지만, 시민들 가슴속에 박힌 전봇대는 아무나 보고 뽑을 수 있는 것이 아니었다.

애초에 이럴 일은 아니었다. '쇠고기 협정 사수'와 '성난 민심 달래기' 중 양자택일을 하라고 신생 정권을 윽박지를 심산은 없었을 것이다. 그런데 시민들이 몰려간 광장은 결국 무엇을 선택할 것인가를 묻는 판결의 장으로 진화했다. 집권 초기, 지팡이를 꽂아도 나뭇잎이 돋았을 100일의 정치적 호기를 낭비하고 작은 불씨 하나로 두둑했던 정치 자원을 다 태워먹은 '경제 9단'은 정치 초년생이었다. 그래도 시민들은 대통령의 탁월한 학습 능력을 믿었기에 희망의 촛불을 켰다. '공명의 정치'가 살아나 가슴속 전봇대를 시원하게 뽑아주기를 기대하는 광장, 그 광장의 함성은 푸르렀다

그들에겐 그런 소통이 없었다

그런데 정확히 1년 뒤 다시 광장이 폐쇄됐다. 이번에는 서울광장이었다. 밀운불우(密雲不雨), 구름은 몰렸으나 비는 내리지 않는다. 이명박 정권의 통치 스타일을 집약하는 말로 이보다 적합한 표현이 없는 듯했다. 다시 표현하자면, 밀운부작우(密雲不作雨), 구름이 몰리는데도 비를 만들지 않는 정권이었다. 베이징 올림픽 당시 중국 정부는 북경 상공을 뒤덮은 악명 높은 먼지를 가라앉히려고 비행기를 동원해 비를 뿌렸다. 통치자의 인기를 좌우하는 덕목을 대라면, 나는 주저 없이 말(言)과 때(타이밍)를 들겠다. 적시에 적확한 언사(言辭)

를 발하는 능력이야말로 '국민을 섬기겠다'는 이명박 정권에게 가장 아쉬운 점이다. 뭔가 속 시원한 해명을 애타게 기다리는 민심에 화합과 통합, 법과 질서 같은 근엄한 단어들을 늘어놓는 이명박 정권을 국민들은 '영혼 없는 정권'으로 인증할 태세였다.

이명박 대통령의 통치 성향은 세 가지 불변요소로 구성되어 있다. 자수성가, 기독교 신앙심, CEO다. 열심히 일하는 사람은 '반드시' 성공하고, 주님은 무한한 은총으로 길 잃은 양떼를 '반드시' 구원하며, 불철주야 뛰는 CEO는 사원들이 '반드시' 존경하고야 만다는 믿음이다. 이 '반드시'에 대한 집착은 그를 대통령으로 등극시키기는 했으나 통치 양식에서 융통성을 제거하고 마음의 행로를 아예 한 방향으로 고정하는 응고제가 되었다. 이 단호한 '위정척사(爲正斥邪)'로 법과 질서가 바로잡혔다고 환영하는 사람도 있겠으나, '사(邪)'로 분류된 항목들에 철조망이 쳐지고, '마이동풍' '소귀에 경 읽기' 같은 경구가 유행하는 판에 '명박산성' '전경 버스' 같은 갑갑한 이미지로는 지지자가 등 돌리는 사태를 막을 수는 없다.

서울광장을 둘러싼 시비만 해도 그렇다. 원래 광장에 부여된 최고의 기능은 정치적인 것이다. 멋진 연설로 군중을 선동하려는 독재자에겐 광장이 필요했고, 민의를 드높이려는 민주시민들은 광장으로 몰려 나왔다. 조선시대 한양에는 도성민들이 모여드는 세 개의 광장이 있었다. 철물교(鐵物橋)로 불린 종로 탑골공원 부근, 혜정교(惠政橋)로 불린 광화문 교보문고 앞, 그리고 덕수궁 대한문 앞(현 서울광장)이다. 상소나 차자를 올릴 자격이 없던 평민들에겐 왕의 행차를 접할 수 있는 이 장소가 유일한 언로였다. 왕은 이곳을 지나면서 평민들의 상언, 격쟁을 접수하곤 했다.

문제가 된 '서울광장'은 1898년 태생 당시부터 정치 기능을 발휘했다. 독립협회가 주최한 만민공동회를 친일 단체인 황국협회가 공격한 곳은 덕수궁 남문(仁化門)이었고, 고종에게 민의를 전달하려고 군중들이 자주 운집한 곳은 대한문 앞이었다. 오늘날의 서울광장이다. 고종은 광장에서 사나운 짓을 저지른 군중들을 꾸짖으면서 자책 담화를 발표하기도 했다. "내가 나라를 다스린 이래로 정사가 뜻대로 되지 않아 점차 소동을 일으키게 되었는데 오직 여러 만백성의 죄는 나 한 사람에게 있다는 것을 오늘 크게 깨닫고 나는 매우 부끄러워한다." 몇 년 뒤 고종이 승하하자 도성민들이 운집했던 곳, 3·1운동의 만세 행렬과 광복의 기쁨을 이기지 못한 군중들이 자기도 모르게 향하던 곳이 서울광장이었다. 박정희는 군사혁명을 지지하는 육사 생도들의 행진을 시청 앞에서 사열했다. 말하자면, 한국 정치의 눈물겨운 사연들이 아로새겨진 서울광장은 미래세대가 펼쳐 보일 또 다른 정치적 장면들을 기다리고 있는 것이다.

그런 곳을 봉쇄한다고 광장의 역사적 기억이, 시민들의 무의식이 바뀔 리 없다. 서울광장이 꾼들의 정치 놀이터, 시위대의 선동 장소로 쓰인다 할지라도 원천봉쇄는 무용할뿐더러 몰역사적 행위로 기록될 것이다. 그것이 선동 선전이고 혼란만을 조장한다고 판단되면 시민들이 먼저 외면할 것이다. 서울광장의 사용을 '건전한 여가활동과 문화행사'에 국한한다는 조례는 결국 지켜지지 않을 것이고, 새로

개장된 광화문광장도 옛 혜정교의 상언(上言) 기억을 되살려낼 것이다. 그곳엔 동학교도들이 사면을 청원하는 신원상소(伸寃上疏)의 곡소리가 묻혀 있다.

진보는 역사를 만들고, 보수는 역사를 지킨다. 광장은 진보와 보수가 만나 서로 다른 역사를 주장하고 접점을 찾는 공간이다. 우리가 목격하는 오늘날의 저 투박한 충돌은 접점을 찾는 진통이다. '위정척사'로 무장한 통치자에겐 그런 광장이 거추장스럽다. 혼란하고 불온하고 무질서하기 때문이다. 그곳이 직업 시위대의 마당이 될까 두려워하고, 6·10항쟁기념식에 모인 군중의 숫자나 세고 있다면, 사회 통합이나 화합 같은 거창한 말은 아예 하지 않는 편이 낫다. 광장을 폐쇄하면, 진보를 자처하는 집단들은 아예 거기에 발을 못 붙일 것이고, 또 뒤바뀔 '사(邪)'의 감옥에 영영 갇힐 것이다. 밀운불우(密雲不雨)가 아니라, 과운(寡雲)이라도 필요하다면 작우(作雨)하는 게 정치인데, 이명박 정권엔 그런 소통이 없다. 이런 면에서는 진보도 별반 나을 것은 없다.

듣기에는 미숙하고
말하기엔 서툴렀던 당신들

시민들은 소통을 원한다. 모두 소통!이라고 외친다. 정부와 시민, 시민과 시민, 기업과 종업원, 학생과 선생, 부모와 자녀, 심지어는 연인들 간에도 소통이 안 된다고 느낀다. 노무현 정부에서는 소통이 안 되면 거리로 뛰쳐나왔다. 전에도 그런 사례가 많았지만 특히 노무현 정부에서 여의도는 시위의 중심이 되었다. 시위, 파업, 데모, 농성이 쉬운 일은 아니다. 비용이 많이 들기 때문이다. 가정, 학교, 기업, 정부 각 조직에서 소통은 사회적 갈등 비용을 줄인다. 이런 비싼 값을 치르면서 시민들은 소통의 중요성을 깨달았다. 민주화가 대화와 타협으로 문제를 푸는 방식이라 한다면 소통은 민주화의 가장 기본적인 요건임을 시민들은 깨달았다. 과거에 비해 소통 수준은 한 단계 발전했겠지만, 소통에 대한 기대감이 현실 수준을 훨씬 웃돌게 된 것도 민주화의 진전과 관련이 있을 터다.

역대 정부에서 주요 일간지에 소통 관련 기사가 게재된 건수를 보면, 김영삼 정부 이후 급상승하고 있는 양상을 생생히 볼 수 있다. 문민정부에 비해 이명박 정부에서는 무려 40배 상승했다.

그렇다면, 이명박 정부가 소통이 가장 미숙한 정부인가? 아예 입과 귀를 닫은 불통 정부인가? 그럴 수도 있고 그렇지 않을 수도 있다. 김영삼 정부가 이명박 정부보다 소통에 더 능숙했는가? 한마디로 단정하기 어렵다. 이렇게 소통 기사 건수가 급상승한 데에는 나름대로 이유가 있다.

첫째, 민주화의 진전과 함께 시민들의 소통 기대감이 상승했다. 민주주의란 힘의 대결이 아니라 대화의 정치이다. 대화 끝에 '1인 1표'로 결론을 짓는 방식이다. 앞에서 말했듯이, 시위·파업·농성 등 '거리의 정치'는 민주주의가 덜 성숙한 사회에서 흔히 볼 수 있듯이 극단적으로 의사를 표출해 투쟁과 갈등을 유발한다. 서민과 저소득층, 약자를 대변하려 했던 노무현 정부에서 소통에 대한 사회적 관심이 급증했는데, 노무현 대통령은 약자의 언어와 화법으로 말하기는 했지만 자신의 입장이 너무나 뚜렷해서 '듣기'보다는 '말하기'에 힘을 쏟았다고 할 수 있겠다. 듣기에는 미숙했고 말하기에는 능숙했던 정부였다. 그러나 '불통 정권'이라 비난받지는 않았다. 대통령이 미리 발언했기 때문이다. 하나 이명박 정부는 달랐다. '듣기'에는 너무나 미숙했고, '말하기'에는 너무나 서툴렀다. 그래서 불통 정권이란 소리를 들었다.

둘째, 노무현 정부 이후 소통으로 풀어야 할 정책 과제가 유난히 많았다. 세종시로의 수도이전만 해도 서울시민을 위시해서 각 도민들의 입장을 경청해야 했고, 각계각층의 엇갈린 주장을 걸러내야 했다. 오죽했으면 헌법재판소에 최종 판결을 위임했을까. 위헌 판결이 난들 정치권이 정부기관 부분 이전이라는 수정안을 만들어 돌파하는 판국에 헌법재판소가 무슨 소용이 있으며, 시민들과 기관들의 입장 개진이 무슨 효과가 있으랴. 허탈했던 것이다. 한나라당은 열린우리당의 수정안에 손을 들어줬다. 여기에는 충청도민을 보수당의 원군으로 끌어들이려는 정치적 속셈이 깔려 있었다. 이명박 정부 들어서도 소통을 요하는 쟁점들이 쏟아졌다. 한미 FTA, 쇠고기 수입 전면 개방, 미네르바 사건, 천안함 폭침, 미디어법, 4대강 사업 등등. 청와대와 한나라당은 과반을 훨씬 넘는 국회 의석을 활용하여 야당을 밀어붙였다. 여당 단독 안건 상정과 통과는 지난 정권에서도 다반사였지만, 이명박 정부 들어 날치기 통과에 대한 비난의 목소리는 유난히 높아졌다. 그도 그럴 것이 이명박 정부는 시민사회와의 교류망을 아예 끊어버린 유별난 정부였다. 노무현 정부가 이념적 성향이 비슷한 시민단체를 선별해 정치화함으로써 오히려 민주주의를 쇠퇴시켰다고 굳건히 믿은 까닭에 이명박 정부는 시민단체와 일찌감치 거리를 두었다. 시민단체와 아무런 네트워크를 맺지 않은 단독 정부였다. 소통이 일어날 일이 없었다.

셋째, 무엇보다 보수와 진보, 정치권과 시민을 막론하고 보여준, 쌍방향 소통이 아닌 일방적인 '소통의 양식'으로 인해 지난 몇 년간 소통에 대한 관심이 급상승했다. 일방적 주장과 퇴장, 듣기보다는 말하기, 입장 차이의 확인과 결별은 보수와 진보 할 것 없이 한국사회를 관통하는 지배적 소통 양식이다. 보수와 진보는 서로 다른 논리와 윤리로 무장해 격돌했고, 시민과 사회단체도 서로 다른 문법으로 충돌했다. 여의도와 서울광장은 이념 단체의 격투장이었다. 일방적 주장과 낙인찍기는 대화의 경험과 기술이 결핍된 한국인의 배타적 속성으로 정착했다. 이는 융통성 없는 이명박 정권에서 좀더 거세게 터져 나왔는데, 진보정권이 들어선다고 해서 사정이 나아질 것 같지는 않다.

일방적 소통 얘기를 하자면 정치권까지 갈 것도 없다. 예를 들면 민사소송 사건이 한국이 일본보다 다섯 배가량 많다는 통계에서도 한국인의 일방적 소통 성향은 입증된다. 일본 인구가 우리보다 두 배 많으므로 1인당 민사소송 건수는 실제로는 열 배가량 많은 셈이다. 얼마 전에는 아파트 층간소음 때문에 살인사건까지 발생했다. 급기야 층간소

음신고센터를 운영하기에 이르렀는데, 아래층 윗층에 살면서 그런 문제를 대화로 해결하지 못하는 게 한국의 현실이다. 이런 성향이 정치권에서 고스란히 재현되면 매일 싸움에다 드잡이가 연출된다. 이념의 정당성, 합리성이 문제가 아니다. 보수와 진보는 어느 국가에나 존재하는 두 가지 이념 성향인데, 대화와 타협을 통해 공통분모를 모색해 나가는 것이 상식이다. 한국의 보수와 진보는 DNA가 다른 존재, 진화의 궤적이 달라 사고방식과 언어가 달라진 이민족처럼 보인다. 2011년 겨울, 대권정국에 돌입하면서 여당과 야당이 보여준 행태가 꼭 그렇다. 서로 다른 이유로 울부짖는 바람처럼 느껴진다.

참을 수 없었던 미네르바 그리고 가카 헌정 방송

▶▶완고한 보수, 미네르바 사건

보수는 완고하다. 미네르바를 못 참을 정도다. 이명박 정부는 사이버 공간에서 금융위기를 부채질한 익명의 미네르바를 고소했다. 그런데 헌법재판소에서 위헌판결을 받았다. 고졸 학력인 미네르바 박대성은 풀려났다. 30년 전이라면, '지혜의 신' 미네르바 이름을 빌려 금융위기 상황을 종횡무진 요리했던 사이버 의인, 그러나 허위정보로 금융시장 교란에 한몫했던 이 독학 청년은 신군부에 의해 주살되었을 것이다. 30년 전 언론정화 작전으로 알려진 저 악명 높은 언론 대학살은 기자 출신 권력 핵심 인사였던 허문도가 주도했다는 것은 이미 알려진 바다. 그런데 미네르바 박대성은 살아서 재판소를 걸어 나왔다.

허문도의 언론 대학살과 미네르바 사건 사이에 30년이 흘렀다. 웬만한 국가라면 다 지키는 이 평범한 원칙, 허위사실을 유포해도 권력의 개입은 제한되어야 한다는 자유주의의 제일 원칙을 확인하는 데 30년이 걸렸다는 말이다. 시청 앞 광장에서 인공기를 흔드는 정신나간 짓거리를 하지 않는다면 언론 출판의 자유는 개인과 국가 공히 존중해야 할 기본권이다. 그 자신 기자였던 허문도는 신군부에 반기를 들었던 982명의 언론 정화 대상자 명단을 작성했고 그중 711명을 쫓아냈다. 동양방송을 KBS로 통합했고, MBC를 공영화했으며, 연합통신을 탄생시켰다. 매체와 공론장을 입맛대로 세탁한 것이다. 박정희 시대의 대한뉴스처럼, 땡전뉴스가 등장해 빈축을 샀다. 10·26 사태 이후 1년 동안 27만 건에 달하는 기사가 검열을 받고 삭제됐다. 삭제된 기사 자리를 메우지 않고 공란으로 발행한 용감한 신문도 있었다.

국민소득 1000불 시대 군사정권이 자행한 언론 탄압은 정권교체를 도모하는 이들의 단골 메뉴로 등장해서 민주화 시대의 권력자들을 끊임없이 유혹했다. 문민시대를 연 YS는 언론장학생을 몰래 길렀고, 불굴의 투사 DJ는 언론사 사주를 탈세 혐의로 감옥에 보냈다. 그 충격으로 동아일보 사주가 자살했다. 21세기에 그런 일이 일어났다. 노무현 정권은 '취재 지원 시스템 선진화'란 그럴듯한 명목의 언론 대책을 발표했다. 청와대 대변인이 브리핑을 해도 기자들이 '뭔 말인지 영 알아듣지 못해' 취해진 응급수술이었다. 과거사진상규명위원회가 신군부의 언론 학살을 파헤치고 있던 때였다. 취재기자들이 갈 곳이 없어 건물 현관에 라면 박스를 깔고 기사를 썼다. 노무현 정부의 홍보비서관은 정부와 언론의 관계를 정비하는 사육신이 되고 싶다는 비장한 말을 남겼다. 국민소득 1만 5000불, 민주주의가 무르익을 때에 허문도 같은 자가 또 나타났던 것이다.

  헌재의 메시지는 미네르바의 죄과를 인터넷 공론장에서 판결하라는 것이다. 타블로 사태 같은 위험천만한 사이버 이지매가 빈발하는 한국의 유별난 누리꾼 문화에도 불구하고 말이다. 그런데 유독 정치권만은 '마음속의 허문도'를 지우지 못한 것처럼 보인다. 아니 허문도의 그림자가 여전히 어른거린다. 종합편성 채널 사업자 선정을 둘러싸고 그동안 벌어진 여야간 몸싸움과 설전을 보라. 2010년 7월 통과된 미디어법은 신문 방송을 분리했던 '허문도법'과 그 악폐인 방송 독과점을 시정하라는 시대적 소명에 부응한 것이었다. 지난 30년은 언론 방송에는 뼈아픈 세월, '잃어버린 30년'이었다. 삼성, 현대, LG가 세계에서 손꼽히는 기업으로 도약하는 동안 언론 방송은 동네 구멍가게를 면치 못했다. 동네 광고 수주에 목을 매고 정치권의 눈칫밥을 먹었다. 그런 현실을 두고 정치권은 신생 방송사가 '정치의 푸들'이 될지도 모른다는 생각으로 후진국형 싸움을 벌였다. 세계 7위 무역대국에서 글로벌 미디어 기업을 키울 생각을 하기는커녕 억제 호르몬만 주입했던 이 궁색한 판을 바꾸자는데 왜 드잡이와 위헌소송이 필요했을까.

정권이 바뀌기만 하면 누가 KBS와 MBC 사장이 되는지에 촉각을 곤두세우는 한국에 공영방송이 존재하는지 묻고 싶다. 영국의 BBC가, 미국의 ABC와 CBS가 대통령이 바뀌었다고 사장이 갈리고 논조가 바뀌었다는 얘기는 듣지 못했다. 프랑스의 AFP, 미국의 AP와 CNN은 세계시장에 정보를 파는 글로벌 미디어기업이다. 이들이 오보를 팔면 주가는 폭락한다. 공영이란 이름으로 채색된 정치와 언론의 은근한 유착, 이것이 지금도 여전한 한국의 부끄러운 자화상이라면 시청자들은 언론 방송의 독립과 세계시장 진출이란 절박한 과제를 정치권과 대중매체에 요구해야 한다. 언제까지 드라마와 청소년 음악만 팔고 있을 것인가? 중국을 포함해 저 드넓은 아시아 시장이 무한대로 펼쳐져 있는데 왜 금융, 과학, 산업, 생활정보와 예술, 문화, 교양 콘텐츠를 팔 생각은 못 하는가? 언론 방송엔 정치 논리가 아니라 산업 논리와 공론장 논리가 우선해야 한다. 신규 사업자는 물론 기존의 언론 방송사도 허문도 유산을 빨리 벗어던지고 공익과 공영, 글로벌 콘텐츠 경쟁에 나서야 한다. 허위사실을 유포한 미네르바를 풀어준 헌재의 취지, 헌법의 정신이 그것을 명하고 있다.

▶▶경박한 진보, 가카 헌정 방송

순조 26년(1826년) 청주성 북문에 괘서가 걸렸다. 조정의 무능, 관리 부패, 왕실 비리를 고발하고, 홍경래가 살아서 한양을 칠 것이라는 내용이었다. 과감하게 이름을 밝혔던 괘서 작성자는 관헌에 체포되어 참수되었다. 조선은 유언비어 유포자를 사형으로 다스렸다. '글을 지으면 허(虛)가 실(實)이 되어' 민심이 동요할 것을 두려워한 탓이었다.

2011년 12월 7일, 어떤 판사가 트위터에 글을 올렸다. "오늘부터 SNS 검열 시작이라죠? 방통위는 나의 트윗을 심의하라. 앞으로 쫄면 메뉴도 점차 사라질 듯. 쫄면 시켰다가 가카의 빅엿까지 먹게 되니. 푸하하." 조선으로 치면, 사헌부 지평(정5품)이 쌍말로 쓴 상소문을 임금에게 날린 격이다. 지난 가을 인기 드라마 〈뿌리 깊은 나무〉에서 세종이 흔들린 것은 이 때문이다. 글을 깨친 백성이 권력을 능멸하고 넘보는 것을 원하시는가? 사대부들의 이런 반격에 세종은 답이 궁색했다. 상상치 않았던 그런 사태에 비답은 없었다.

한국인들의 이야기 사랑은 유별나다. 18세기 서울 종로 거리에 전문 이야기꾼이 등장해 잔돈푼을 벌어 썼고, 이집 저집 다니며 소설을 읽어주는 강독사, 판소리 가락을 읊는 강창사가 인기를 끌었다. 개화기 선교사들의 눈에 비친 한국은 '뜬소문의 나라'였다. 거리에 모인 사람들은 저마다 어떤 얘기를 외쳐대는데, 거짓과 과장으로 스스로 윤색한 소문이 대부분이라는 것이다. 1880년대 조선에 온 러시아 외교관 미하일 포지오는 대화를 향한 한국인의 열정에 경탄을 금치 못했다. 그는 한국인이 수다쟁이이며 매우 호기심이 많은 사람들이라고 썼다. 그리고 이렇게 덧붙였다. "그들은 자기가 하는 이야기를 엄청나게 부풀려서 치장하는 기회를 결코 놓치지 않았고, 이는 때로 사실을 왜곡하는 수준으로 발전하기도 한다."

이야기에 대한 유별난 열정이 IT 기술과 결합해서 한국을 최고의

SNS 국가로 만들었다. 그 덕에 사회 지도자급에 속하는 판사가 '내 트윗을 심의하라, 푸하하'라고 비웃고, '가카 헌정 방송'에 500만 애청자가 몰렸다. 사이버 이야기판이 새로운 차원의 공공성을 획득하자 급기야는 국가권력을 허위의 구덩이 속에 처박아버렸다. 그러니 왜 '규제'라는 단어가 떠오르지 않겠는가. SNS 공세에 돛대가 부러지고 고물이 깨진 집권 세력은 참수까지는 아니라도 검열 권력을 가동하기 시작했다. 저 광화문 한복판에서 천지개벽한 한국사회를 굽어보는 세종이 환생한다면, 이 규제 조치들에 대해 뭐라 하교하실까.

국가권력이 사사로움을 벗고 시민 곁으로 다가선다면 거짓과 과장으로 포장된 괴담, 비속어와 은어로 가득찬 원색적 담론들은 절로 설득력을 잃는다. 과장된 얘기를 좋아하는 한국인의 기질 탓도 있겠지만, 괴담과 패서가 대중심리를 파고드는 이유는 지배권력이 사회적 교감에 무지하고, 제도권 언론과 방송이 정보를 특정 논리로 가공한 탓이니 그들의 책임이 더 크다. 그럴 때 대중들이 대체 수단으로 몰려가는 것은 예나 지금이나 자연스러운 귀결이다. 한국엔 그런 대체 미디어가 무궁무진하다. 규제 권력은 '대중이 무지하다'는 계몽주의적 전제에 기반을 두고 있다. 그러나 대중은 결코 무지하지 않다. 생활 현장에서 습득한 생생한 감각으로 교감 가능한 자를 본능적으로 가려낸다. 진짜와 가짜를 식별하는 능력은 정치인을 뛰어넘는다.

대중들은 팟캐스트 '나는 꼼수다'가 자신들이 그토록 원했던 '배후의 역습'임을 이미 간파했다. 그래서 난무하는 욕설 속에 간간이 비치는 이면 정보를 퍼담아 진정성에 대한 갈망을 해소한다. 자신들을 옭아맸던 거대한 공적 정보의 장벽을 무너뜨리는 이 역습 담론에 독자와 청자들이 희열과 카타르시스를 느낀다면, 제도권 매체와 정치권력은 민심 독해에 처참하게 실패했다고 봐야 한다.

경직된 권력일수록 역습 담론에 공포를 느끼고 억압적 방식을 동원한다. 국가기강을 강조한 조선 사대부들은 향촌 질서를 어지럽히는 패관잡서를 불태우고 잡류를 엄금할 것을 명했다. 잡류란 사당, 창기, 광대 등 서민 예술단이자 백성이 속 시원해하는 정보의 전파자였다. 이 논리대로라면, 불온한 말을 마구 질러대는 나꼼수 4인방은 명랑한 잡류에 속한다. 나를 검열하라고 푸하하 웃었던 부장판사도 겁 없는 잡류다. 모두 경박한 진보다. '경박한 진보'의 발언으로 '완고한 보수'가 무엇을 감추고 있었는지, 지배권력이 무엇을 두려워했는지 드러날 것이다. IT 강국 한국이 감행하려는 SNS 규제책에는 그런 공포 심리가 엿보인다. 세종이라면 반란의 위험을 감수하고라도 백성들에게 국가의 전횡에 이의를 제기할 수 있는 앎의 힘을 주고 싶으리라. 이를 요즘 용어로 표현하면 이렇다. "시민에게 책임을 나눠주면 스스로 자기 검열 기제를 작동할 것이다." '잡류담론'을 두려워하는 사회는 분명 억압사회이고, 시민들이 등을 돌린 불통사회다. 디지털 시대에 SNS 규제는 어리석은 자들의 자충수에 지나지 않는다. 보수가 그러했다면, '가카 헌정 방송' 같은 것으로 담벼락을 부수려는 진보의 길도 올바르진 않다.

천박하기는 마찬가지다.

교양시민, 그들은 어디로 사라졌는가?

▶▶불통의 이유, 교양시민의 빈곤

소통사회를 입증하는 표현의 자유와 들끓는 공론장이 있음에도 불구하고 왜 시민들은 한국사회를 불통사회로 생각하는가? 현실과 인식의 격차를 어떻게 설명해야 하는가?[2] 의사소통은 민주주의의 중요한 지표이다. 1987년 이후 현재까지 민주주의의 정착과 질적 향상을 위해 수많은 난관과 역경을 헤쳐온 한국은 이른바 '제3의 물결'에서 민주화의 모범 국가로 꼽힌다. 프리덤 하우스(Freedom House)에서 매년 발표하는 민주화 순위에서 대략 30위권에 올라 있을 만큼 민주주의 기반을 성공적으로 다져왔다고 할 수 있다. 그러나 프리덤 하우스의 주된 관심은 정치제도의 정착 여부에 있기에 토크빌(Tocqueville)이 주목했던 주민들의 습속, 퍼트남과 스카치폴이 중시하는 사회 자본(social capital)을 중요한 기준으로 설정하지 않는다.[3] 우리의 주요 관심사인 '의사소통이 어느 정도 원활한가' 하는 문제

---

2) 이하 세 개의 절은 필자의 논문 〈공론장의 역사적 형성과정: 한국은 왜 불통사회인가?〉, 한국언론학회 엮음, 《한국사회의 소통 위기》, 커뮤니케이션북스, 2011에서 발췌 수정한 것이다.
3) Theda Skocpol, *Diminished Democracy* 2000 (한국어판: 강승훈 옮김, 『민주주의의 쇠퇴』, 한울); Robert Putnam, *Making Democracy Work: Civic Tradition in Modern Italy*(Princeton: Princeton University Press), 1993.

는 잘 반영하지 않는다.

측정의 어려움이 있기는 하지만, 의사소통 또는 토론 문화가 민주주의의 원료에 해당한다는 토크빌 식 사고를 중심에 놓으면 한국의 민주화에 대한 평가는 그보다 훨씬 낮아질 가능성을 배제할 수 없다. 정치적 민주주의(political democracy)는 발전했지만, 이해 갈등을 해소하고 합의를 끌어내는 '대화의 기술'과 '마음의 양식'을 생산하는 사회적 민주화(social democratization)에는 소홀했기 때문이다. 한국은 '사회적 민주화'가 '정치적 민주화'에 훨씬 뒤진 격차사회(gap society)의 한 전형이다. 사회제도의 발전 수준을 20여 개 영역으로 구분해서 측정한 연구는 한국이 OECD 상위 10개국 평균에 크게 미달한다는 지체현상을 지적했다. OECD 평균을 상회하는 영역은 기술과 과학 분야가 유일했고, 투명성·법 준수·노사관계·신뢰도·조직구조 등 사회적 민주화에 해당하는 세부 영역은 크게 뒤져 있다.

이런 증거들은 1987년 이후 지금까지 한국의 민주화 노력이 주로 정치 영역에 집중되어 있었던 반면, 사회적 영역의 쟁점과 과제들은 버려져 있었거나 개혁정치의 대상이 되지 못했음을 방증한다. 민주주의의 핵심 기제인 의사소통의 문제가 바로 여기에 해당한다. 민주화 이후 24년이 지난 현시점에서 한국사회가 '소통의 위기'에 처해 있음을 부인하기 어려운 상황, 그리고 주요 언론과 방송에서 거대 쟁점이 발생할 때마다 소통의 부재를 한국의 중질환으로 지목하는 저간의 사정이 문제의 절박성을 말해준다.

'소통의 위기'를 초래한 원인은 다면적이다. 정치권의 성격과 지배집단의 특성이 일차 원인이겠지만, 보다 넓은 역사적 맥락에서 위기의 근본 원인을 조명할 필요가 있다. 필자는 무엇보다 교양시민의 존재에 주목한다. 개인의 권리 의식에 투철하고 공공선(common goods)에 대한 책임 의식을 겸비한 시민을 '교양시민'이라고 한다면, 유럽 역사에서 보듯, 자유주의와 민주주의의 역사적 구축 과정에서 개인과 사회, 사익과 공익의 균형을 이루는 데에 필수 덕목인 '도덕'(morality)을 내면화한 시민층 혹은 중산층이 바로 교양시민이다. 건강한 공론장이 허용되지 않은 상황에서 자유를 권리로 인식한 사람들, 공익에 대한 책무를 내면화할 기회를 놓친 중산층이 산업화를 통해 대거 양산되었다. 이런 까닭으로 민주화 이행 과정에서 노동계급이나 중산층 할 것 없이 모든 계층이 권리 투쟁에 나섰으며, 민주화가 열어놓은 공론장이 권리 투쟁과 이념투쟁으로 얼룩지고 말았다.

▶▶교양시민은 존재하는가?

한국사회에서 교양시민(Bildungsburgertum)은 존재하는가? 이 질문은 매우 곤혹스럽다. 국민소득 2만 불 시대에 교양시민이 없다면 어불성설이다. 전문지식과 학식, 품위와 윤리를 갖춘 교양층은 존재한다. 그런데 그런 덕목들을 폭넓게 공유한, 특히 공익에 대한 긴장을 내면화한 시민층이 얼마나 두텁게 형성되어 있는가를 물으면 선뜻 분명한 답을 내놓기 힘들다.

일본 대지진 사태에서 목격된 이재민들의 반응과 행동양식이 한국인과는 사뭇 대조적이라는 생각을 다들 했을 것이다. 일본과 한국은 사회 구성 원리가 엇비슷하다. 북구 유럽처럼 계급 중심 사회가 아니라, 개인 중심, 가족 중심 사회다. 개인이 사회의 가장 기본적인 구성단위이자 행동 단위이다. 그런데 일본과 한국의 행동양식과 사고방식은 다르다. 일본 국민들은 공동체에 대한 긴장과 공공선을 사익보다 우선시하는 반면, 한국 국민은 그 반대다. 한국에서 그런 사태가 일어났다면 이재민들은 너나 할 것 없이 국가와 정부, 지방자치체에 빠른 구호활동과 넉넉한 구호품을 요구하고 심지어는 재산 피해에 대한 손해배상을 청구했을 것이다. 한국 국민은 개인의 권리 추구를 최고의 가치로 생각하는 경향이 있는 반면, 일본은 개인보다 공동체와 국가를 우선시한다. 어릴 적부터 '남에게 폐를 끼치지 마라'는 훈계를 듣고 자라난 일본 국민들은 메이와쿠(迷惑, 폐) 끼치는 것을 가장 기피한다. 그것은 수치(하치, 恥)를 뜻하기 때문이다. 수치스러운 행위는 일본인의 집단의식에 깊이 자리 잡은 '기리〔義理〕'를 저버리는 행위이다. 기리는 가족을 넘어 공동체와 국가에 대한 보은의 심성이다.[4]

    그렇다고 일본 국민이 교양시민의 자질을 충분히 갖췄다고 잘라 말하고 싶지는 않다. 교양시민이란 의무와 권리의 균형감각을 갖춘 시민층을 의미한다면, 일본 국민들은 발달한 보은 의식(의리) 때문에 권리를 등한시하는 경향이 강하다. 반면에 한국은 지나치게 발달한 권리의식에 의해 책무가 가려지고 버려진다. 권리에 과도하게 집착

---

4) Ruth Benedict, *Chrysanthemum and the Sword*, 1974(한국어 판: 김윤식·오인석 역, 『국화와 칼』, 을유문화사)

하는 경향은 구한말 초기 공론장의 조기 붕괴와 일제 침략으로 억압된 권리에 대한 반작용이고, 자유를 유보한 대가로 재산 증식의 기회를 열어준 박정희 권위주의 정치의 유산일 것이다. 바로 이것이 자유의 두 날개인 책무와 권리의 적절한 균형감각을 갖추지 못한 '교양 없는 중산층'이 태어난 배경이다. 공론장의 왜곡과 억압은 '교양시민의 빈곤'이라는 누구도 예상하지 않았던 무서운 결과를 초래했다.

자유주의는 '교양 있는 중산층'을 창출한다. 교양(Bildungs)이란 품위, 절제, 윤리, 도덕, 양심 등 국가와 사회제도의 내면을 구성하는 기본적인 가치 덕목을 가리키는데, 제도와 교양의 관계는 법과 건전한 상식의 관계와 동일하다. 이는 제도를 만들어내는 기본 윤리의식이자 법과 규제 질서를 창출하는 두덕적 정서에 해당한다. 그러나 자유주의를 실천하는 계급으로서 갖추어야 할 부르주아적 경험이 엷은 한국의 중산층은 가장 중요한 덕목인 '교양'을 배양하고 내면화할 겨를도 없이 전쟁과 산업화 공간에 던져졌다. 공론장은 오랫동안 왜곡되었고, 이를 재구축할 기회도 주어지지 않았다. 한국전쟁은 공론장에서의 이념 격돌을 살상과 파괴라는 극단적 방법으로 해결했던 역사적 상처였다. 해방공간에서 터져 나온 자유 개념의 혼란상과 이념 세력들의 충돌은 어떤 식으로든 공론장에서 걸러졌어야 했다. 그러나 냉전에 휘말린 우리에겐 그럴 계기가 주어지지 않았다. 커밍스(B. Cumings)가 냉소적으로 표현한 '이념의 정화(ideological purification)'는 공론장의 자율적 정화작용이 아니라 극악한 폭력과 물리적 수단을 동원한 결과였다. 해방공간의 공론장은 또 한 차례의 외압에 의해 정리되었고, 전쟁의 상처가 아물기도 전에 국가 동원의 회오리 속에 움트기 시작한 미성숙한 공론장은 증발되었다.

아무튼 전쟁에서 살아남은 소시민들은 1960년대 군부독재와 1970~80년대 강성 권위주의 체제에서 교양을 배양하기보다 출세와 성공을 위해 전문기술과 생존수단을 먼저 습득해야 했다. 대중교육이 확대되었지만, 경제성장을 목적으로 한 동원 체제에서 국가의 기본 이념을 전파하는 기능이 오히려 승했다. 강성 권위주의 정권에서 자유는 불온한 사상이었다. 그래서 '재산축적'으로 달려나갔다. 1970년대와 1980년대 중산층이 갈구한 자유는 재산권의 존중, 공정과 합리, 공익 함양 등 교양과 관련된 덕목이 아니었다. 1970년대와 1980년대에 성장 전략이 성공을 거두면서 중산층의 재산 축적 욕망은 더욱 확대되었다. 여기에 권위주의 정권이 추진했던 성장전략의 최대 수혜 계층이 중산층이라는 사실에 주목해야 한다. 1987년 이후 민주화 과정은 오로지 재산을 축적하기 위해 무한질주해온 '교양 없는 중산층'과 '결과의 평등'을 앞세운 노동계급 간의 전면 대결이었다. 민주화 과정이 재분배 문제를 둘러싸고 집단과 계급의 이해 충돌과 갈등으로 점철되고, 급속히 열린 공론장이 권리 투쟁으로 얼룩진 이유를 이렇게 설명할 수 있다.

▶▶ **뒤틀리고 변형된 자유주의**

공공선에 대한 긴장과 책무 의식이 결여된 자유주의를 '변형된 자유주의(transformed liberalism)'라고 정의할 수 있다.[5] 한국의 중산층은 억압된 공론장 시대를 통과하고 급속한 산업화에 동원되면서 자유와 평등 간의 긴장감과 균형감각을 상실했다. 변형된 자유주의는 '자유와 평등 개념의 권리화(freedom and equality as a right)'를 부추긴다. '의무'가 아니라 '권리'라는 점에 주목하자. 민주화 과정에서 중산층은 재산권의 한없는 확대를 보장하는 '보수적 민주화'의 길을 선호했고, 노동계급은 분배 정의를 강조하는 '진보적 민주화'를 주창했다. 양자의 충돌은 신자유주의로 불리는 '시장의 시대'가 열리면서 공론장에서 접점을 찾을 수 없는 격돌 양상으로 치달았다. 도덕이라는 매개 개념(linkage)이 결여된 이해 갈등은 공론장에서 극한적 이념 논쟁을 촉발했다. 건강한 부르주아 없는 자유주의는 '변형된 자유주의'를 낳고, 그것은 다시 '변형된 민주주의'를 낳는다. 자유와 평등의 균형을 매개하는 도덕이 역사적으로 형성되는 계기를 상실하면서 양자는 전면 대립 관계로 진입한다. 이것이 자유와 평등이라는 자유주의의 핵심 가치가 '권리 패러다임'으로 수용된 배경이며, 보수와 진보 진영이 타협의 여지 없는 치열한 정치투쟁을 치러야 했던 이유이다.

    이런 정치투쟁을 걸러내는 것이 바로 시민단체다. 그런데 소통의 촉매제인 시민단체들은 이 과정에서 어떤 역할을 수행했는가? 한국은 민주화와 함께 '시민단체의 시대'를 열었다. 1990년대 초반까지 노동조합이 6000여 개로 급증하고, 시민단체가 서울과 지방에서 쏟아져 나왔다. 공론장의 조건인 자발적 결사체가 각 영역에서 속속 설립되어

---

5) 또는 왜곡된 자유주의(distorted liberalism)로 불러도 무방하다.

시민적 쟁점을 만들고 정책 제안을 통해 시민의 참여라는 요구를 충족시켰다. 그런데 시민단체가 쟁점 정치(issue politics)에는 어느 정도 결실을 일궜지만 시민들의 참여와 토론문화를 증진시켰는지는 불확실하다. 시민단체의 시대가 열린 초기에는 그런 모습을 관찰할 수 있었다. 그런데 노동조합이 공익 대변 기능(collective-voice function)에서 독점 기능(monopoly function)으로 기울기 시작한 1996년 이후, 시민단체들도 전국적·보편적 이슈에서 집단이익과 관련된 이슈로 퇴행하는 징후를 보였다. 김영삼 정권의 보수적 민주화 노선에 불만을 품은 시민운동계가 이런 전략을 선택한 것이다. 보편이익에서 특수이익으로의 이행, 전국적 쟁점에서 집단적 쟁점으로의 이행은 공론장의 균열을 낳았고, 토론을 통한 합의를 어렵게 만들었다.

시민들은 노동조합과 시민단체가 주장하는 쟁점과 정책들이 보편이익(공익)과 어떤 관련이 있는지를 분별하느라 애써야 했다. 더욱이 공익 관념이 희박한 이 '교양 없는 중산층'에게는 시민운동이 잃어버린 권리를 되찾는 움직임 정도로 인식되었을 것이다. 그러나 시민운동에 대한 참여 열기는 곧 시들해졌다. 시민단체(civil organizations)들이 주창단체(advocacy groups)[6]로 변해가자 보수, 진보의 격돌과 정치 투쟁을 조정하고 걸러 줄 한국의 시민운동은 초심을 잃었다. 무엇보다 시민운동의 시대에도 시민들의 참여는 미흡했다(시민 없는 시민운동). 시민단체는 명망가 중심의 조직이었고, 정치권

---

6) 시민운동의 성격을 빌려 전국적 이익이나 공익이 아니라 특정집단, 직업집단의 이익을 대변하는 단체들

과의 네트워크를 개척하여 정책 결정에 참여할 기회를 얻으려는 조직이었다. '시민 없는 시민운동'은 정치적으로 포섭하거나 배제하기가 비교적 쉽다. 이들이 개척한 공론장에서는 시민들의 목소리가 아니라 명망가와 전문가들의 목소리가 거셌다. 특히 '시민단체의 홍수'가 일어났던 노무현 정권의 시민 참여는 이념적 성향에 맞는 조직과 명망가들에게 참여 기회를 불균등하게 열어주는 결과를 낳았다고 말할 수 있다.

말하자면 정치적 특혜였다. 공론장은 정치적 특혜를 받은 시민단체들로 북적였는데, 이들이 제기한 쟁점들은 주로 진보진영이 추구하던 이슈들이었기에 '배제적 과잉 대변(excessive representation)'이라 할 만하다. 그 덕에 진보적 이슈들이 대거 정책 대안으로 채택되어 실행에 옮겨졌다. 이는 집권 세력과의 이념적 친화성을 갖춘 단체를 선별해 개입시킨 '배제적 참여'였고, 정치권과 특정 시민단체 사이에서 일어난 이념의 '동종교배'였으며, 어떤 정책 영역에서는 시민적 특권을 내세워 직능단체의 대표성을 희석시키는 결과를 초래하기도 했다. 동종교배는 보수정권에서는 암암리에, 진보정권에서는 공공연히 이뤄졌다.

과거 25년 동안 진보, 보수를 가릴 것 없이 행해진 동종교배는 자못 심각한 문제를 초래했다. 예를 들면, (1) 특정 집단의 의사가 시민들을 대표하는 것으로 오인된다. (2) 집권 세력과 시민단체의 밀접한 교호 작용은 시민단체에 대한 정치적 포섭이라는 유혹을 불러일으킨다. 이는 시민운동의 왜곡을 초래하고, 배제된 단체의 강한 반발을 부른다. 이 두 가지 문제는 바로 '주창 그룹의 세력화'로 귀결된다. 특정 이념과 이익을 표방하는 주창 집단들의 진출이 민주화 초기 이래 점점 더 현저해진 것이다. 민주주의의 위기가 이로부터 발생한다. 미국의 정치학자 스카치폴과 퍼트남 사이에 벌어진 논쟁도 바로 시민단체의 성격변화를 중심에 두고 있다.

로버트 퍼트남은 미국인들이 이제는 결사체에 대한 관심과 더불어 공익에 대한 긴장감이 급격히 줄었을 뿐 아니라 친구나 동료들과의 회합에도 시들해한다고 진단했다. 반면, 독립전쟁 이후 오늘날까지 전국에 회원을 둔 결사체가 어떤 성쇠 과정을 걸어왔는지를 연구한 저서에서 스카치폴은 1790년대 이후 1960년대까지 전국적 결사체가 꾸준히 증가하고 있었음을 밝힌다. 더욱 놀라운 것은 독립전쟁 이후 약 한 세기 동안 지역과 계급을 초월한 공익 추구의 결사체 숫자와 규모가 점차 늘어났다는 사실이다. 특히 1760~1830년에 비영리 결사체가 보스턴 지역에서는 14개에서 135개로 증가했으며, 다른 지역에서는 24개에서 1305개로 급증했다는 것이다. 이런 관찰을 토대로 스카치폴은 "시민사회의 성장은 대부분 미국이 탄생하고 나서 1790년 이후에 일어났다"는 결론을 내놓는다. 시민사회의 태동과 성장이 결사체에 의해 추동된다는 점을 다시 한번 확인해주는 셈이다.

시민사회가 성숙했던 19세기 말과 20세기 초에도 이러한 자발적 결사체가 미국의 시민사회의 건강성을 유지하는 사회적 구심점으로 주목받았다. 그러나 20세기 후반에 들어서면서 사정은 달라졌다. 스카치폴은 20세기 후반에 들어 전국 단위의 시민단체가 줄어들고 그 자리에 특정한 이해와 관심을 대변하는 전문가 단체(advocacy groups)가 우후죽순처럼 들어섰다고 경고했다. 그 결과 시민 전체의 보편이익을 추구하는 공익 정신이 쇠퇴하는 반면, 세력화된 직업 집단과 연합체들의 특수이익이 과도 대변되는 불평등, 불공정 사회로 이행하고 있다는 것이다. 스카치폴은 이런 현상을 '훼손된 민주주의(diminished democracy)'로 개념화했고, 자발적 결사체의 쇠퇴와 함께 시민들의 저조한 참여를 가장 중요한 원인으로 지목했다.

한국에서도 시민운동단체가 민주정치의 질적 개선과 시민과 정치권 사이의 의사소통에 기여한 바를 부정할 수는 없다. 하지만 '공익을 대변'하는 단체에서 특정 집단의 이익을 관철하려는 '주창 집단'으로 점차 변모했다는 점, 특히 노무현 집권 기간에는 '시민운동의 정치화'가 '이념 과잉의 정치'를 촉발했다는 점을 지적할 수 있겠다. 이념 과잉의 정치는 집권 세력이 특정 시민단체의 정치 참여를 허용한 선별적 포섭 정치의 결과이자, 시민단체가 쟁점 제기에는 익숙한 반면 이해 갈등 해결에는 미숙한 탓에 빚어진 현상이기도 하다.

한국의 시민단체는 이른바 쟁점 정치로 빚어진 이념 갈등을 해결하기 보다는 오히려 정치권에 전가하는 모습을 보여주었다. 교섭 정치, 타협 정치의 능력이 부족한 정치권이 시민단체들이 발생시킨 이해 갈등을 원숙하게 소화할 수는 없었다. 시민단체의 요구(demand)가 정치의 제도적 역량(institutional capacity)을 넘어서는 사회에서는 비등하는 갈등을 통제할 수 없어 극심한 사회혼란을 방치할 수밖에 없다. 지배 권력이 극도로 취약해져서 갈등이 만연한 사회의 외곽만을 지킬 수밖에 없는 사회를 헌팅턴은 집정관사회(praetorian society)라 불렀다. 한국사회가 집정관사회로 전락하진 않았지만, 사회혼란의 공포심을 내세워 이명박 정권은 아예 시민운동의 뇌관을 제거하는 전략을 채택한 것으로 보인다. 지난 4년간 정치적, 사회적 쟁점 정치를 담당했던 시민운동이 급격히 쇠락하고 정치권 외곽에서 부활의 기회를 엿보고 있는 상황이 전개되었다. 이 시점에서 시민운동의 급성장과 빠른 퇴각이 정권의 성격에 의해 결정되었다는 서글픈 사실을 새겨야 한다.

▶▶ 이명박 정권의 공론장은 무사했나?

융성했던 '시민사회'는 이명박 정권 들어 썰물처럼 빠져나갔다. 간만이 교차하는 자연현상과는 달리 보수정권이 시민단체를 정치 영역에서 쫓아냈다고 표현해야 옳을 것이다. 각종 시민단체, 정치적 지지 단체, 준(準)공적 단체들의 목소리로 가득했던 공론장은 이명박 정권 들어 갑자기 조용해졌다. 노무현 정권에서 목격했던 '배제적 과잉 대변'의 폐단은 사라졌으나, 시민단체의 '전면 배제(wholesale exclusion)'로 인해 시민단체가 대변 기능을 중지했을 때 나타나는 또 다른 문제가 발생한 것이다. 과소 대변 또는 시민단체의 침묵은 과잉 대변과 마찬가지로 심각한 문제다.

시민운동의 급격한 쇠락은 개인과 국가, 개인과 사회 간의 완충지대를 제거해 개인이 국가에 정면으로 노출되거나 대립하는 양상을 초래한다. 개인과 국가가 충돌하면 언제나 국가가 승리한다. 개인과 조직이 충돌하면 조직의 승리로 끝나는 것이나 마찬가지이다. 시민단체의 여과 작용과 대변 기능이 없이 제기되는 개인의 항변과 이의 제기는 국가와 정권이 내세우는 명분을 뚫지 못한다.

공론장은 개인과 국가, 개인과 정권 사이의 완충지대인 '정치사회(political society)'에 존재한다. 개인과 집단의 의사는 정치사회로 던져지고, 국가와 정권도 정치사회의 행위자로 나서는 것이 민주사회의 작동 방식이다. 정치사회가 약화되면, 홉스 식 헤게모니 국가가 등장해서 모든 성원들의 입과 머리를 검열한다. 검열의 기준이 아무리 도덕적이고 윤리적이라 할지라도, 개인의 자유와 국가의 자유 개념이 충돌할 위험이 급증한다. 여러 유형의 국가기구로 무장한 권력 앞에서 개인은 무력감을 느낀다. 민주화 25년을 경과한 시점에서, 시민사회의 홍수를 경험한 이후 들어선 정권에서 많은 사람들이 한국사회를 불통사회로 인식하게 된 이유는 바로 정치사회의 급격한 약화 때문이다. 2009년 초에 일어났던 미네르바 사건은 이러한 사태의 상징적인 징후다.

신문의 방송 진출과 관련된 미디어 정책 역시 마찬가지다. 방송과 미디어를 시장에 맡겨둘까, 아니면 국가가 개입해야 하는가? 신문과 방송이 정권의 생명과 직결된 한국에서 정부는 안심할 수 없었다. 그래서 한국은 오랜 전통에 기대어 국가가 주도하는 쪽을 선택했다. 그래서 이런 평가가 나온다.[7]

---

7) 윤석민, 『한국사회 소통의 위기와 미디어』, 나남, 2011.

종래 우리나라 미디어 정책 결정 과정은 철저히 정부 주도형으로 이뤄졌다. 공영방송의 독과점 체제하에서 전문 관료와 학자들이 방송정책에 참여하기는 했지만 전체적인 방향설정은 정부가 담당했다. 방송정책 결정에 미치는 영향력의 정도로 보았을 때, (중략) 시민단체, 학계, 연구기관은 그 영향력이 매우 미약한 집단이었다.

그래서 이명박 정권에서 개인의 자유를 규제하는 국가(미네르바 사태)와 시장경쟁을 촉진해 독과점 상태를 해결하려는 국가(미디어 정책)가 서로 엇갈렸다. 전자를 법치주의, 후자를 시장경쟁으로 해석하면 보수정권의 기조와 어긋나지 않지만, 전자를 시장 규제, 후자를 시장 촉진으로 읽으면 영역별로 정권의 입맛대로 요리한다고 비난 받을 수 있다. 실제로 그러했다. 진보세력은 '집단의 자유'에 비중을 두는 반면, 보수세력은 '개인의 자유'를 중시하는 것은 세계 어디서나 볼 수 있는 현상이다. 자유 개념의 두 측면, 권리와 책무 중에서 진보세력은 책무(사회적 정의)로 권리(개별 능력)를 제한하기를 바라고, 보수세력은 개인의 권리 신장을 통해 책무가 실현되기를 바란다.

이명박 정권 역시 그런 점에서는 보수정권의 전형인 영국의 대처 정부와 유사하다. 대처는 개인의 자유가 집단의 자유에 의해 훼손되는 점에 주목해서 노동조합의 단체행동권을 해체했다. 1990년대에 여러 차례 노동법이 개정되었는데 이는 노동조합 지도부의 결정에 무조건 따라야 하는 개별 조합원들의 자유의사를 구제하기 위한 것이었다. 공기업의 민영화, 주택시장의 민영화가 속속 도입되었고, 시장경쟁을 저해하는 모든 정치적 개입은 사라지게 되었다. "영국에서 집단의 자유는 없다"라는 대처의 공언은 보수당 정권의 일관된 행보다. 그러나 권리 신장을 위해서는 개별 경쟁을, 책무 이행을 위해서는 규제를 선택한 이명박 정권의 행보는 자주 어긋났고 갈등을 유발했다. 게다가 그 어긋남은 '북한과의 대치 상황'이라는 한국의 특수성에 의해 정당화되곤 했다. 표현의 자유를 제한하는 조치는 국가 위기를 초래하는 표현과 주장, 국가정체성을 부정하는 이념과 행위, 특히 친북 이념에 대한 통제의 필요성에서 비롯된다. 어떤 정권이 들어서든 '북한 문제'는 이념의 스펙트럼을 좁히고 관용을 위축시키는 한국의 아킬레스건이고, 자유의 두 축을 쟁점에 따라 달리 해석해야 하는 논리적 모순의 기원이다.

이런 모순을 내포하는 쟁점들이 공론장에 던져지면 개인과 단체, 국가와 사회는 바로 충돌한다. 합의를 도출할 수 없다. 한국 국민이 모두 수긍할 수 있는, 그리하여 출발점에서 합의한 공유이념이 존재하지 않기 때문이다. 이 딜레마를 해결할 수 있는 원천이 교양시민에게 있다. 교양시민이 충분히 배양되어 이런 격차와 불균형을 인식하고 합의의 덕목과 기준을 만들어왔다면 공론장은 이념 갈등이나 급진적 해결책으로 얼룩지지 않았을 것이다. 그러나 민주화 25년 동안 이념에 의해 좌우된 공론장은 교양시민이 성숙할 환경을 허용하지 않았으며, 역으로 교양시민의 미성숙과 결층은 공론장을 왜곡하거나 균형을 잃은 국가 개입을 허용하는 결과를 낳았다. 민주화된 이래

시민의 사회활동 참여 비율이 고작 10퍼센트를 밑도는 상황에서 공론장의 구조 변동은 이런 결핍과 왜곡이 얼룩진 울타리 안에서 이뤄졌던 것이다.

'시민사회의 홍수'를 목격했던 노무현 정권과 '시민사회의 결빙'이 진행된 이명박 정권에서 동일하게 공론장의 왜곡과 변형이 일어났다고 말할 수 있는 근거가 여기에 있다. 진정한 의미에서 시민 참여는 거의 찾아볼 수 없었다. 특히 이명박 정권 들어 개인과 국가의 직접 충돌을 중재할 완충지대가 약화되고 공론장의 독점 현상이 초래되었다. 이는 시민단체를 외곽으로 추방한 결과다. 언론, 방송의 여론 독점, 대기업의 경제 독점, 지배 논리의 사회 독점, 이처럼 독과점이 점차 증대하는 가운데 인터넷은 대부분 개별적 사적 공간을 연결하는 통로였을 뿐이다. 과거 민주정권에서 그랬듯이, 이명박 정권에서 공론장은 결코 무사하지 못하다. 그렇다고 과거에 만족할 만한 소통사회를 일궜다고 말할 수도 없다.

불통사회는 이명박 정권만의 현상은 아니다. 기대와 좌절의 격차가 더더욱 커졌을 뿐이다. 불통은 전쟁과 독재정권 치하에서 공론장이 결빙되거나 붕괴된 데에서 유래하며, 그후 역사적 과정 속에서 증폭되었다. 변형된 자유주의, 교양시민의 결핍, 과도한 국가 개입, 시민운동의 정치화 등이 불통사회를 구성하는 요인들이다. 한국전쟁 이후 공론장이 붕괴된 이래 공론장을 특징짓는 역사적 유산은 오늘날 정보화 시대의 공론장에도 막대한 영향을 미친다. 이는 공유이념의 결핍, 개인보다 국가를 우선하는 유기체적 국가관, 시민단체의 정치화, 저조한 시민 참여와 교양시민의 결핍으로 요약할 수 있다. 이 네 가지 한계를 극복하는 일이야말로 공론장의 건강성 회복과 소통 사회를 형성하기 위한 차후의 과제임은 두말할 나위가 없다.

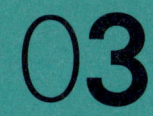

03

CEO 대통령에겐 무엇이 없었나?

03

과잉의 정치, 초라한 정치 | 척후병에겐 큰 그림이 없었다
그에게 국민은 여전히 직원이었다 | 내려갈 땐 보았네, 올라갈 때 못 본 그 꽃
300조! 그 돈의 실체는? | 5년마다 반복되는 고유의 풍토병

과잉의 정치,
초라한 정치

　청와대에 간 그날은 정권의 생일이었다. 2011년 2월 25일, 이명박 정권 탄생 3주년이 되는 날이었다. 나는 기념 강연 강사로 초빙되었다. 강사는 한 명, 당연히 긴장했다. 내 강연을 듣고 지정 토론자들이 이런 저런 논의를 하고 대통령이 새로운 결의를 다지는 순서로 기념식이 진행될 예정이었다. 그러니 긴장할 수밖에. 아무튼 생일에 초대된 손님이 거북한 말을 쏟아 놓는 것은 전통 예법에 어긋나고 축하객의 도리도 아니었다. 그래서 일단 위문공연이라 생각했다. 위문공연의 수임은 다했지만, 비장하게 출범한 정권의 3년을 지켜본 관찰자로서 딱 한 가지만은 얘기하고 싶었고, 그렇게 했다.

　정권 3년차, 국민들은 '정치다운 정치'를 보고 싶어 했다. 세계의 흐름에서 한국의 위치를 설정하고 집단 의지를 모아 달려가는 모습을, 여야가 당략을 초월해 단안을 내리는 모습을 보고 싶어 했다. 독일의 역사학자 베버가 그랬다. 정치는 권력이라는 악마의 수단으로 천사의 대의를 실현하는 것이라고. 그런데, 실상은 사소한 다툼들이 연달았다. 이번 정권만이 아니었다. 예산 국회에서 몸싸움을 치르고, 신공항, 정치자금법, 뇌물 스캔들, 청목회 사건, 이슬람채권법으로 수군거리다가, 총선, 지방선거, 재보궐선거에서 국민의 충복으로 변신하는 것이 한국 정치가 매일 보이는 풍경이다. 거리에서 마주치는 행인들을 무작위로 선정해 국회에 앉혀놔도 별로 다를 것 같지 않다는 절망감을 하소연할 곳도 없다. 2010년 지방선거 때 몰표로 행복해했던 우파 정권의 실력이 별로라는 사실을 깨닫는 것 또한 슬프다. 경제위기를 극복했고 국제 위상을 높였다고 항변하겠지만, 이는 대통령 개인의 실력일 뿐 우파 정권의 집합적 역량과는 별 상관이 없었다. 정치보다 일에 주력한 이명박 정권의 특성과 거부권에 의존하는 야당의 저급한 행보가 겹쳐 '초라한 정치'가 판을 쳤다.

노무현 정권 시절엔 '과잉 정치'가 문제였다면, 이번 정권은 '과소 정치'가 문제다. 시민운동의 급격한 쇠퇴는 과소 정치 또는 초라한 정치가 빚어낸 가장 위험한 예후다. 보수단체는 낡은 방식으로 낡은 주장을 해대는 반면, 진보단체는 이슈 만들기를 포기하고 아예 입을 다물어버렸다. 적어도 2년 전엔 그랬다. 공론 정치에서 면대면(面對面) 시민 담론은 증발하고 언론과 방송이 정치를 압도하는 풍경은 정치의 사망선고와 같다.

그날, 대통령은 취임식 때의 초록색 넥타이를 다시 맸다. '가난의 대물림을 끊겠다'는 현정권의 희망의 색깔이었다. 그렇다면, 그동안 내놓은 조각난 정책들은 빈곤의 대물림을 끊는 데 얼마나 성과를 냈는가? 교육, 복지, 취업의 패러다임을 얼마나 획기적으로 바꾸었는가, '공정사회'를 위한 특단의 조치들은 국민의 마음을 설레게 했는가? 질문은 명확하나 답은 희미하다. 좌파 정권이 계급, 집단의 '연대'를 강조한다면, 우파 정권의 중심축은 공동체의 우애와 신뢰다. 그렇다면, 계급연대를 변방으로 밀쳐낸 이명박 정권은 시민들의 공유 의식, 동료 의식을 길러내기에 얼마나 힘을 썼겠는가? 시민운동이 쇠한 상황에서 공공선을 위해 어떻게 양보해야 하는가를 고심하는 선의의 개인들은 발견되지 않는다. 부자들에겐 공동체의 빈곤한 현실을 나 몰라라 하는 '빗장집단화'를 더 부채질한 듯도 하다. 불평등은 극단 세력이 깃들이기 좋아하는 둥지다. 지난 정권에 비해 양극화와 불평등이 그다지 개선되지 않았다는데도 정치인들은 여전히 고전경제학의 선발대처럼 발언하고 행동했다.

그러나 참았다. 생일날이 아닌가. 집권 3년 동안 많은 일이 터졌고, 그것을 막느라 정부는 피로감이 역력했다. 그러니 정치 잘하라고 일갈한들 무슨 소용이 있으랴. 중요한 것은 방향을 잡는 것이다. 대통령을 위시해 청와대 사람들이 다 모인 자리에서 딱 한마디, 하고 싶었던 말은 바로 이것이었다.

"정확히 10년 후 국민들이 이명박 정권을 기억할 때 맨 먼저 무엇을 떠올릴까요?"

약간의 부연설명이 필요했다. YS는 정치 민주화의 토대를 그런대로 다졌다. DJ는 YS가 파놓은 구덩이, 외환위기를 잘 넘겼다. MH는 '비주류의 주류화'를 시도했다. 비록 실패는 했지만, 사회혁명에 버금가는 일이었다. 그렇다면, MB는? 훗날 사람들이 무엇으로 기억할까? 명박산성? 촛불집회? 4대강? 전봇대 뽑기? G20 정상회의? 아랍에미레이트 원자력 발전소 수주? 글쎄…… 이런 것들은 모두 뇌리에서 금세 사라진다. 이명박 정권의 역사적 임무는 무엇인가. 내 답은 '사회 민주화'였다.

사회 민주화? 어려운 개념이다. 경제 민주화와의 차이는 무엇인가? 정치 민주화는 어떤가? 경제 민주화는 후술할 터인데, 아무튼 어려운 개념인 것은 틀림없다. 나는 간단히 설명을 덧붙였다. 민주화 23년, 정치 민주화는 그런대로 순조롭게 진행됐다. 프리덤 하우스에서 측정한 한국의 민주주의 발전 수준은 세계 30위권에 진입했으므로 상당한 성과가 있었다. 정치 민주화 다음 단계가 바로 '사회 민주화'다. 사회 민주화의 핵심은,

- 사회 조직, 기업, 학교, 가정에 민주주의 규범 확산
- 사회 조직 운영에 투명성, 합리성, 공정성을 증진
- 기회균등을 실현하는 공적 법규의 도입과 사회적 지원 제도의 대폭 확충(예를 들면, 지방대 출신 쿼터제를 도입하여 수도권 소재 대학과 취업 격차 줄이기. 여성 취업 쿼터도 같은 취지임)
- 개인 차원의 소득 분배 개선(예를 들면, 학력별, 성별, 기업 규모별, 취업 형태별 임금격차 줄이기)이다.

한마디로, 한국사회 전역에 '공정성(fairness)'을 확대하고 증진하는 것이다. 마이클 샌델 교수가 말한 '사회정의(social justice)'를 한 단계 업그레이드하는 것이 이명박 정권의 역사적 사명이라고 힘주어 강조했다. 분위기가 조금 비장해졌다. 청와대 사람들이 노트에 열심히 메모하는 모습이 보였다. '공정사회론'의 등장은 그 강연의 여파였는지 모른다. 그때만 해도 희망이 있어 보였다. 2년이라는 충분한 시간이 남았고 무엇보다 정권 실세들의 의지가 엿보였기 때문이다.

그러나 지금 생각해보면 틀린 듯하다. 시간도 없거니와 정권 실세들이 이미 풍비박산이 나 뿔뿔이 흩어졌기 때문이다. 냉혹한 말이지만 이명박 정권은 '프로젝트 정부(Project government)'였다. 이 말이 입가를 맴돌았는데 용케도 발설하지 않았다. 생일이었고 예의를 지켜야 했기 때문에.

척후병에겐 큰 그림이 없었다

필자가 만나본 바로는 이명박 대통령은 쾌활하다. 쾌활하고 낙천적이다. 어지간해서는 화를 내거나 비관하지 않는다. 사교성이 풍부해서 낯선 사람들도 몇 마디 얘기를 나누면 금세 친구처럼 변한다. G20 같은 초특급 세계정상회의를 유치한 원동력이다. 프랑스 대통령 사르코지가 G20 정상회의의 주도권을 MB에게 빼앗겼던 것도 이런 이유에서이다. 사르코지는 MB에게 두 번 패했다. 캐나다 회합에서 G20 정상회의를 서울에 빼앗겼고, 아랍에미레이트 원자력 발전소 수주전에서 한국에 밀렸다. MB는 대통령 전용기를 타고 직접 아랍에미레이트로 날아가서 왕자를 만났고 최고의 애프터서비스가 포함된 패키지 딜에 성공했다. 파리에서 원격조정에만 매달리던 사르코지가 당할 도리가 없었다. CEO 출신 MB는 그런 일에 익숙했다. 아덴 만에서 석해균 선장이 소말리아 해적들에게 피습을 당해 목숨이 오락가락할 때 대통령은 전용기를 띄웠다. 항로에 인접한 모든 비행장에 비상연락을 취하면서 결국 석해균 선장을 한국으로 이송하는 비상 작전에 성공했다. CEO의 기질이다. 사업을 벌이고 외국 기업의 주문을 수주하는 일, 무엇보다 현장에서 직접 뛰는 일에 익숙했는데 이게 화근이었다.

대통령은 전방위적 역할을 하는 사람이다. 사업 수주, 프로젝트 수행은 CEO의 몫이고, 대통령의 본령은 대국민 정치와 여의도 정치를 용의주도하게 해나가는 것이다. 그런데 바로 이 본령에 약했다. 정치를 못 했다. 못 했다기보다 안 했다. 노무현 대통령은 정치를 너무 많이 해서 탈이었는데, 이명박 대통령은 정치를 너무 안 해서 탈이었다. 이명박 대통령에겐 정치라는 단어가 아예 없는 듯했다.

아니 눈치도 없었다. 의기양양하게 출범한 초대 내각이 청문회를 통과하지 못하고 초토화되었다. 국민들의 심사를 조금만이라도 헤아렸다면 더 신중을 기했을 터인데 말이다. 그게 정치다. 재산 평균 39억 원. 공직 후보자들이 대체로 투기 혐의가 짙고, 더러는 논문 표절도 했고, 대개 서민 정서와 동떨어진 명사들이었다. 변명도 어이없었다. 아니, 사납게 표현하면 힘없는 사람들의 염장을 질러댔다. 정당하게 재산을 모은 '부자들의 모임'이라면 부러움을 샀을지도 모른다. 재력에 권력까지 갖췄으니 가히 보수진영의 명사 클럽이라 해도 손색이 없었다. 그런 정치가 반복되었다.

초대 내각은 가관이었다. '재촌자경(在村自耕)'이 농지 소유의 전제임을 모르는 국민들이 있을까. 이해찬 전 총리가 400여 평 남짓한 포도밭을 빌려줬다고 혼쭐이 난 것이 고작 몇 년 전 일이다. 그런데 이 정권에서 농지 소유는 장관 후보의 요건으로 변했다. '놀러 갔다가 친구가 권유해서 샀다'는 당당한 설명은 부동산개발사 투기 교본 1조에 나온다. 돈 없어 황금알을 눈앞에서 놓친 사람이 태반인데, 장관들의 이재 경력은 투기 유형 리스트였다. 여섯 편의 논문을 열네 편으로 늘리는 교수의 복제 행위는 땅을 잘라 갑절로 파는 떴다방 투기 행위와 꼭 같다. 이들이 '일류 국가 건설을 법과 질서를 지키는 것으로 시작하자'고 선포한 '선진화 대통령'을 보좌할 인물들이었다.

각료 중 최고의 재력을 자랑하는 문화부장관은 자신이 운영하는 극단 단원들에게 사회보험료를 챙겨주지 않았다. 불법은 아니지만 기대와는 거리가 멀었다. 자기 관내에 굶주린 사람이 없도록 베풀었다는 경주 최 부자의 에토스를 모르는 모양이었다. 여의도가 사람 살 데가 못 된다고 거침없이 말하는 장관도 있었다. 여의도를 축복받은 땅으로 알고 사는 주민들의 심정은 어떠했을까. 골프 회원권을 싸구려라고 한다면, 돈 없어 골프할 엄두를 못 내는 사람들은 '똘이 인생'이다. 북한과 머리 맞대고 살아가야 하는 이 분단 현실을 관장할 통일부장관 후보자의 가족은 모두 외국 국적 소유자였다. 그런데 '그게 어떠냐?'는 반문이 더 기막히다. 그 사람이 장관이 돼 혹시 개성공단에라도 가서 '북한은 적'이라고 말할지도 모르는데 그런 장면을 상상하면 끔찍하다. 북한 당국은 개성공단을 즉각 폐쇄할 터이고, 거기 입주한 중소기업은 줄도산할 것이다.

집권 초기 이런 모습을 목도하면서 국민들은 안타까워했다. 보잉 747기가 시동은 걸었으나 제대로 이륙하지 못하는 광경을 떠올려보

라. 관제탑에서 이륙 대기를 발령한 원인은 '과거 불문, 측근 등용'을 고집하는 대통령의 인사 스타일 때문이었다. '투옥 경력, 운동권 등용'을 끝내 지켜낸 노무현 정권의 코드인사와 다를 바 없었다. 사회정책팀은 급기야 자체 결함을 점검했다. 보건복지부의 수장은 이미 여러 가지 궁색한 변명을 늘어놓았고, 청년실업이 시한폭탄처럼 도사린 이 마당에 노동부장관은 실업 문제 전문가가 아니라고 실토했다. 여성·환경부 장관은 낙마했다. 복지·노동·여성·환경 문제를 총체적으로 조율할 사회정책수석은 가족 문제 전공자이자 표절시비에 걸린 교수였다. 이명박 정부의 발목을 잡을 현안들은 경제가 아니라 오히려 사회 영역에 더 많이 잠복해 있다는 것을 눈치채기는 했는가. '투기 내각'은 염장을 질렀다. 국민들은 이것이 정권교체의 첫 선물이 되리라고는 짐작도 못 했다. 현장을 사수하라고 외쳤던 CEO 대통령은 정작 사회현장을 잘 몰랐다.

큰 그림을 보고 명령하는 CEO였다면 그런대로 좋았으련만 이명박 대통령은 오히려 척후병이었다. 적진 깊숙이 침투해 동태를 살피고 정보를 수집하는 것이 척후병의 임무다. 자칫 실수라도 저지르면 저격수의 표적이 되기 십상이기에, 척후병으로 지목되는 병사는 무사귀환을 조상에게라도 빌어야 한다. 소대 전투에서는 상병이, 중대 전투에서는 중사가 척후조를 맡고, 대대 전투라면 위관급 장교가 나선다. '사막의 여우'로 불렸던 롬멜은 작전사령부에서 척후조의 보고를 기다렸고, 전차전의 명장인 패튼도 직접 전차를 몰고 나가지는 않았다. 대장의 역할은 작전본부에서 올라온 판단을 종합해서 전략을 짜고 실행을 명하는 것이다.

그런데 이명박 정부 초기에 대통령도 뛰고, 장관도 뛰고, 실장과 국장도 뛰었다. 모두 척후병 역할을 한 것이다. 취임 초기인 만큼 대통령이 재래시장에 자주 나가서 반찬값과 우동값을 체크할 수는 있겠다. 서민경제를 체감하라고 대통령이 '현장주의'를 강조하는 것도 자연스러웠다. 그렇다고 장관이 건설현장에 가고, 국장과 실장은 대형 마트로 가서 물가동향을 살피는 모습은 어쩐지 어수선했다. 말단 공무원과 주사가 뛰는 것은 사리에 맞지만, 작전참모들이 전방까지 진출해 척후를 하면 종합 판단은 누가 하고 미래 경제의 밑그림은 누가 그리는가. 제2차 세계대전 때 미국 태평양사령부의 한 정보부 대령은 산발적 암호들을 해독해 진주만 공습이 임박했음을 알아차렸다. 그러나 이미 하와이에 접근한 일본 함대가 350대의 전투기를 발진시킨 후였다.

마치 경제 정부의 실력을 테스트하겠다는 듯이 악재들이 한꺼번에 몰려오고 있던 때였으니 불안하기 짝이 없었다. 곡물 가격이 치솟아 애그플레이션(agflation)을 이미 촉발했고, 인상된 원자재 가격은 산업 전반에 비상사태를 불러왔다. 레미콘·철근·핫코일은 웃돈을 줘도 물량을 구할 수 없을 지경이고, 급등한 나프타 가격이 아스콘·플라스틱 업계에 치명타를 안겼다. 여기에 경상수지 적자, 금융 불안이 겹쳐 한국 경제를 벼랑으로 몰았다. 그런데 대통령이 '전봇대!' 하면 전봇대 찾아다니고, '물가!' 하면 유류세 인하, 매점매석 단속, 공공요금 억제 등 척후병이나 내놓을 전통 메뉴를 나열했으니 그게 어디 '경제 정부'의 위상에 걸맞기나 한가. 갑갑했다. 대장은 없었고 모두 척후병들이었다. 척후병에겐 큰 그림이 없는 법이다.

그에게 국민은
여전히 직원이었다

1970~80년대 CEO는 수주가 최고의 일이었다. 그저 일을 성사시키면 능력자로 인정받았다. 광우병 파동이 그렇게 일어났다. 대통령이 의기양양하게 워싱턴으로 날아갔을 때만 해도 방미 성과가 '광우병 난리' 속에 풍비박산이 날 줄은 꿈에도 생각하지 못했던 것이다. 방미단은 새 정권이 구관(舊官)과 얼마나 다른지를 보여주느라 들떠 있었고, 백악관과 미국 기업에 유례없이 우호적임을 뽐내는 데에 정신이 팔려 있었다. 그렇지 않고는 그토록 민감한 사안을 조건 없이 내주고 야심에 찬 표정으로 돌아오진 않았으리라.

한우 농가의 분노는 아직 터지지도 않았는데, 화염은 엉뚱한 곳에서 치솟았다. 미친 소, 주저앉는 소, 쓰러진 소, TV 전파를 타고 반복 송출된 혐오스러운 장면들이 무방비 상태이던 국민의 비위를 건드렸고, 여기에 광우병 논란이 가세하자 오장육부가 뒤집혔다. 급기야 수만의 군중이 성난 소처럼 도심으로 몰려들었다. 모처럼 화려했던 2008년 봄날은 수상하게 쓰러지는 소와 그것을 먹는 자신의 역겨운 이미지로 쑥대밭이 되었다. 의욕적인 첫 출정으로 기염을 토해 마땅할 청와대와 행정부는 거꾸로 만신창이가 돼야 했다.

어지간히 밝혀졌듯, 광우병 공포의 과학적 근거는 희박하다. 하지만 그것은 광우병 난리의 인화물일 뿐 발화점은 아니다. 누가 광우병 괴담을 퍼뜨리고 누가 시위를 부추겼는가는 곁가지에 불과하다. 발화점은 '쇠고기 전면 개방'을 국회와 집권당과의 사전 상의 없이 전격적으로 해치웠다는 사실에 있었다. 이것도 행정부의 권한에 속하기에 큰 문제가 아닐 수 있다. 그러나 정체성을 버려가며 자유무역협정(FTA)을 추진했던 노무현 정권이 쇠고기의 월령 제한, 특정 위험물질 부위 규제, 위생과 동물성 사료 여부에 관한 최소한의 검역권은 넘겨주지 않았던 데에는 그만한 까닭이 있었다. 발병률이 억만분의 1이라도 국가는 마땅히 그것을 염려해야 하고, 국민 정서를 민감하게 고려했기 때문이었다. 그런데 이명박 정권에서는 쇠고기 전면 개방 국면에서 '기업 논리'가 승했을 뿐, 국가 논리가 실종되었다. 의아했다. 도대체 왜 그랬을까.

정부는 6월에 시작된 미국 의회의 FTA 비준 절차에 대비해 장애물을 사전에 제거한다는 생각을 했을 것이고, 캠프 데이비드 산장에 가져갈 선물도 필요했을 것이다. 국제수역사무국(OIE)도 미국 소의 안전성을 보장하고 있었기에 전면 개방의 위해가 거의 없다고 믿었던 것이다. 한우 농가의 타격보다 선진입국을 앞당길 미국의 광활한 시장이 눈앞에 아른거렸을 터다. 십분 이해할 만하다. 그런데 약간의 언질만 주고, 6월 본선에서 괜찮은 협상카드로 써먹을 생각은 왜 하지 않았는지, 한국이 캐나다와 함께 '쇠고기 완전 개방'의 선도 국가로 왜 나서야 했는지는 여전히 의문이었다. 미국은 한국의 전면 개방 사례를 들고 일본과 대만을 종용하고 나설 정도였다.

이명박 정권의 주류가 미국 박사들이며, 미국을 누구보다 잘 아는 지미파(知美派)다. 미국의 협상 전문가들이 얼마나 냉정하며, 어떤 일이 있어도 일단 서명된 문구를 고수하며 꿈쩍도 않는다는 사실을 터득했을 사람들이 재협상까지는 아니어도 '이의 제기'나 '보완'의 여지를 남겨두지 않았다면 촛불집회를 탓하기에 명분이 궁색하다. 지난 정권은 가진 것 없이 너무 뻗대어 탈이었는데, 이 정권은 '미리 알아서 긴다'는 인상을 그렇게 일찍 보여줘야 했는지 의아했다. 노무현 정권 동안 여론은 '자주 외교'로 들끓었다면, 이명박 정권에서는 '조공 외교'에 대한 공방전으로 얼룩지고 말았다.

정확히 130년 전, 외교에는 완전 초보였던 조선 정부가 미국과 조약을 체결할 때에도 재교섭의 여지를 남겨두었다. 외국과의 최초 조약인 '조미수호통상조약' 12조는 "5년 후 양국이 각국 언어에 익숙해졌을 때, 만국 공법의 통례에 따라 공정하게 논의하며 통상조관과 규칙을 재교섭한다"고 명시했다. 조선의 전권대사 신헌은 총위영대장을 지낸 무관이었고, 부관 김홍집은 약관 40세의 문관이었다. 조약이 그러한데, 한 단계 낮은 '행정협정'에 속할 쇠고기 합의에 최소한의 유예·경과·규제 조치 등 수입국의 체면을 살릴 작은 공간을 마련하지 않았다면, 국무총리와 장관이 아무리 변명해봐야 국민들이 곧이 들을 리 없었다. 그렇다고 FTA 비준을 앞둔 마당에 협정 관행에 위배되는 촌스러운 요구를 할 수도 없고, 성난 국민들을 상대로 수입 개시를 알리는 입법고시를 강행하기도 난감했다. 결자해지(結者解之), 대통령이 나설 순간이었다. '통 큰 외교'가 국익을 위한 결단이었음을 알리고 신뢰할 만한 대비책으로 국민의 이해를 구해야 했다. 더 중요한 것은, 'CEO 정치'의 대상이 직원이 아니라 국민이라는 사실을 절감했어야 했다. 그러나 국민은 여전히 직원이었다.

내려갈 땐 보았네, 올라갈 때 못 본 그 꽃

정치 없는 정부, 사업에 몰두하는 정부가 '프로젝트 정부'다. 이명박 정부는 그런 의미에서 정확히 '프로젝트 정부'에 해당한다. '4대강 사업'이 이명박 정부의 첫 사업이었고, G20 정상회의와 핵억제 세계정상회의 개최, 동계올림픽과 여수박람회 유치, 보금자리 주택 건립 등이 이를 뒷받침한다. 이명박 정부는 마치 청계천 복원공사를 하듯 이런 거창한 프로젝트를 수주했고 그런대로 실행했다. 이명박 대통령의 사교적 기질과 외교 수완으로 세계에서 한국의 위상은 한껏 높아졌다. 외교도 프로젝트처럼 하면 안 될 게 없음을 입증했다. 그런데 국내 사업은 조금 달랐다. 말이 많은 것이다. 정치가 필요했다. 하지만 밀고 나갔다.

4대강 사업의 비전은 거창했고 그럴듯했다. 필자도 동의했다. 대운하가 아니라는 조건으로 말이다. 그런데 초기부터 난항에 부딪혔다. 시민단체의 거센 저항과 반대 시위가 일어났다. 그냥 치수 정도라면 몰라도 한반도를 가로지르는 대운하라면 곤란하다는 논리는 사회적 반향을 불러일으켰다. 이명박 대통령은 특히 물과 인연이 많은지 모른다. 청계천도 그러하거니와, '한반도 대운하'라는 이 기상천외한 역사(役事)로 선진화의 물꼬를 트려 했으니 말이다.

운하는 뱃길이자 수로다. 물자와 인심을 나르는 주된 연결망이었던 수로는 요즘의 인터넷이고, 포구와 나루터는 포털 사이트다. 온갖 상품과 사람이 물길을 따라 흘렀고, 정보와 소문이 포구에 모였다 흩어졌다. 포구가 생기면 장이 서고 마을이 만들어졌다. 19세기 말까지 지금의 잠실 부근에 있던 송파나루는 경강상인으로 불렸던 거상들의 근거지였고, 이들이 운행하는 수십 척의 배가 한강을 메웠다. 경기도만 해도 임진, 남한, 북한강 수계에 모두 70여 개의 포구가 성업했다. 그러니, 사망을 선고한 수운(水運)의 역사를 현대화하자, 운하의 경제학으로 선진국의 문을 열자는 데에 수긍이 안 가는 것도 아니다. 그러나 오두막도 손수 지은 적이 없는 일반인들에게 험준한 산맥을 가로질러 물길을 낸다는 계획은 공상과학 영화처럼 느껴졌다. 한강 하구 정도라면 몰라도.

그래서 이해와 오해가 엇갈렸다. 여론은 뒤죽박죽이었다. 영화 제목은 '한반도 대운하'인데, 내용이 사뭇 다른 두 개의 예고편이 상영됐다. 충격적인 장면만 골라 마구 뒤섞어놓은 게 예고편이니까, 가령 이러했다.

■예고편1

제작: 이명박, 감독: 이재오, 연출: 장석효. 〈선진화의 물길을 뚫는다!〉, 운하 없는 선진국 없다, 물류비용 절감, CO_2 배출 20퍼센트에 불과, 미래의 최적 운송수단, 수변공원화, 천혜의 관광자원, 터미널은 물류센터화, 내륙도시의 균형발전, 중국과 일본으로 항로 연결, 포구를 수출기지로, 홍수 조절과 수자원 확보, 일자리 30만 개 창출, 파급효과, 민자 유치로 예산 절감, 태백산맥은 걱정할 것 없다, 갑문과 인클라인, 리프트로 간단히 해결, 바다 오염 제거로 생태 개선 효과, 3만 불 시대는 물의 시대! 기대하시라, 개봉박두. 쏟아지는 박수소리.

■예고편2

제작: 반운하 시민연대, 감독: 환경특위, 연출: 풍사모(풍수를 사랑하는 모임). 제목 〈물길을 뚫으면 재앙이 덮친다!〉 태풍과 산사태, 넘치는 강물, 물에 잠긴 마을들, 자연 훼손의 대가는 크다, 물길을 바꿔 일어날 사태 실험, 개발 붐과 황폐화되는 산촌, 농민에서 노동자로, 버려진 집과 농토, 일당 노동자 증가, 불도저가 까뭉갠 산과 들, 낭비성 교량 재공사, 신바람 난 5대 건설회사와 하청업자, 이권에 연루된 자치단체, 터미널 공개입찰 부정, 공무원 비리, 홍수 조절 실패, 게릴라성 호우에 운하 범람, 추가 예산 투입, 시민단체들 토건국가와 힘겨루기, 시민연대 위헌소송 제기, 시청 앞 궐기대회, 국론분열, 정치 파국 상태.

이 두 장면은 언젠가 본 듯하다. 불과 수년 전 수도이전을 둘러싼 공방전이 생각나지 않는가. 수도이전이 좋아 노무현을 찍은 것이 아니었듯, 대운하를 찬성해서 이명박을 찍은 것은 아니었다. 대운하의 필연성을 입증해야 하고, 과학적·실증적·진취적 논리로 반대론자들을 설득할 수 있어야 했다. 21세기 지식정보 강국을 만드는 우리의 꿈에 뱃길의 현대적 변형체인 '대운하!'가 '국가의 필수 프로젝트'인지 국민들은 알 수 없었고 헷갈렸다. 결과는 예고편 1과 2의 부분집합이었다. '홍수 조절과 수자원 확보'에 '건설회사의 담합과 이권 비리' 말이다. 생태계가 얼마나 파괴되었는지는 아직 정확히 밝혀지지 않았고, 홍수 조절 기능이 어느 정도인지도 모른다. 다만 2011년 장마 때에 신설된 보들이 잘 버텨주었다는 것은 확실하다. 2012년 한발엔 어떤 기능을 했는지는 잘 밝혀지지 않았다. 아무튼 5대 건설회사는 담합 비리가 밝혀져 1000억 원이 넘는 벌금을 추징당했는데, 이외에 이권 비리와 하도급 관련 부정은 곧 수사 대상에 오를 개연성이 높다.

 사업이 한창 진행되던 2010년 봄, 4대강 사업 반대 논리가 점점 확산되는 것을 보고 필자도 조금 입장을 바꿨다. 아무리 좋은 정책이라도 국민이 싫어하면 재고하는 것이 정치다. 산맥으로 이뤄진 한반도에서 강의 의미는 남다르기 때문이다. 타향의 아득한 소식은 언제나 강을 통해 흘러들었고, 마을의 애틋한 사연도 강을 통해 세상 밖으로 나갔다. 삶이 팍팍할 때 사람들이 강변으로 나가는 이유는 강물에 비친 자신의 표정을 보고 싶어서다. 산골짝을 부딪고 개울을 휘돌아 미친 듯 바다로 달려가는 강물의 변함없는 사연에 자신의 인생을 대입하고 싶어서다. 우리에게 강은 생명의 젖줄이었고, 산맥 저쪽에 있을지 모를 설레는 존재에 대한 갈망이자 소통의 욕망이기도 했다. 그래서 한반도의 강은 '마음의 강'이자 한과 고난을 나누는 인류학적 강이었다.

토건학적 관점이 아니라 인류학적 관점에서 접근했더라면 문제의 소지는 더 작아졌을지 모른다. 누천년 동안 형성된 강의 관념을 잊지만 않았더라면 국민의 저항은 잦아들었을지 모른다. 홍수 때마다 생계의 터전을 습격하는 저 강물의 방종함을 어쨌든 손을 좀 보겠다고 달려들지 않고 묵묵히 견뎌온 한국인의 미학을 십분 고려했더라면 '4대강'이 현정권의 천덕꾸러기로 전락하지는 않았을 것이다. 오랫동안 '소통의 상징'으로 상상되던 강이 '차단의 상징', '정쟁의 상징'으로 뒤바뀌었기에 하는 말이다.

필자는 한국의 강에 내재된 저 태생적 본성 때문에 손을 봐야 한다는 지리학적 개발 논리에 어느 정도 동의하는 편이다. 만주나 시베리아의 강은 덩치 크고 온순한 개를 닮았다고 한다면, 한반도의 강은 성질 급하고 사나운 늑대와 같다. 1500미터 고지에서 발원해서 불과 200여 킬로미터를 급하게 달려 바다로 내리쏟는 물줄기가 세상에 어디 있는가. 한강은 시베리아를 유유히 가로지르는 '고요한 돈강'이 아니고, 낙동강은 만주벌판의 허허로운 초원을 여유롭게 돌아가는 아무르 강이 아니다. 급류를 조련하고 탁류를 정수해서 수천 년 방치된 수변지구에 가치 창출의 기지를 건설하고 강변 마을을 21세기 문명 타운으로 탈바꿈시키자는 정치학적 개발 논리도 설득력이 없지는 않다.

그러나 현정권의 교두보에 해당하는 '4대강 사업'이 완강하고 집요한 저항에 부딪혔다면 얘기가 달라져야 한다. 판이 깨질 위험을 알고도 '옳다고 믿는 바'에 집착하는 것은 정치가 아니다. 4대강 사업은 독재정권이 독재적으로 수행한 경부고속도로나 새마을운동이 아니며, 후세의 역사가 판단할 것이라고 자위하며 의로워할 일도 아니다. 스스로 정의롭다고 생각하는 자들과 작별해서 초야에 묻히는 것은 작가가 할 일이다. 당대의 어떤 가치도 수락할 수 없었던 작가 김훈은 당대의 각종 가치들에 휩쓸려 나부끼는 독자들을 감동시킨 작품을 썼다.

정치란 최대공약수에 긴장하는 것이고, 이단과 이견을 버무려 화합의 묘수를 두는 지혜다. 물막이보가 대운하를 상기시키고, 포클레인이 물총새 무리를 내쫓는 우렁찬 괴물로 비치고, 준설 공사에서 인재를 읽어내는 반대 논리가 설사 비과학적이고 선동적이라 하더라도 그것이 세를 얻고 공론(公論)을 잠식한다면 주창자에서 조정자로 변신하는 것이 순리였다. 경제 영역처럼 성공의 출구전략이 필요하듯, 실패의 출구전략은 그럴 때 더욱 절실했다. '4대강'은 정권 탈환을 꿈꾸는 반대 세력이 상호 연대감을 북돋는 연회장으로 자리 잡았고, 그런 만큼 광화문에 느닷없이 나타난 명박산성처럼 소통을 차단하는 물막이로 변했다. '4대강' 출구전략, 이는 현정권의 소통결핍증을 치유하는 필수 전제조건이다.

진보가 내실 없이 소리만 요란했다고 느꼈던 때와 마찬가지로, 보수 역시 허우대만 멀쩡했지 실력은 형편없다는 낭패감이 몰려왔다. 사회 명사들의 정치는 운동 전문가의 정치와 다를 거라는 세간의 기대는 경제와 외교에서만 약간 입증되었을 뿐 이념 과잉과 철학 빈곤이라는 한국 정치의 만성질환을 비켜가지는 못했다. 모두들 업적 내기에 급급해서 정책 사업에 목을 맨 탓이다. 정권 말기, 정권 잃고 초야에 묻히기 전에 이런 시를 신중하게 읊조리는 것도 보약이 된다. "내려갈 땐 보았네, 올라갈 때 못 본 그 꽃"(고은의 〈그 꽃〉). 국민과의 조율 없이 정책 사업을 밀어붙였던 '프로젝트 정부'가 지금 음미할 대목이자 차기정권 역시 그러하길 바란다.

300조! 그 돈의 실체는?

정권 막바지에서 한번 생각해볼 일이 있다. 단지 현정권만의 일은 아니고, 차기 정권에서도 문제가 될 것이기 때문이다. 대선에서 마구 남발하는 공약 말이다. 고등학교 시절, 유신이 임박했던 그때에도 민주주의를 가르친다고 학생회장 직선제가 허용됐다. 우등생에 얼굴까지 받쳐주는 쟁쟁한 후보들이 나서 공약을 쏟아냈다. 필자는 바로 그 공약 덕에 열세를 만회했다. 이웃 명문 여학교와 연합체육대회를 열겠다, 학년별로 미팅을 정례화하겠다는 제안에 유권자들이 깜빡 넘어갔다. 내친 김에 한술 더 떴다. 그 여학교와 교류 증진을 위해 아예 구름다리를 놓겠다고 호언장담했다. 줄잡아 500미터 거리였다. 입시에 지친 젊은 영혼들의 환호 속에 교장과 훈육주임은 침묵해야 했다. 회장으로 수행한 일은 불량학생 선도, 등굣길 정문 규찰, 예술제 군기잡기, 뭐 그런 자질구레한 일들이었는데, 공약 이행을 다그치거나 비난하는 소리는 들려오지 않았다. 다만 필자는 대학입시 낙방이라는 응징을 받아야 했다.

대통령 공약 사업이 선을 보인 지 벌써 20여 년이 넘었다. 고교 학생회장의 공약(空約)은 청량제로 족하지만, 대통령 공약(公約)은 5000만 국민과의 약속이자 미래한국의 운명을 결정하는 중차대한 사안이다. 이웃 일본과 중국은 과감한 공약 덕분에 상상도 못하는 사업들이 착착 추진되는 한국을 부러워한다. 고속철도와 신공항을 단기간에 완성하고, 인구 50만 도시를 뚝딱 세우고, 국책기관을 사방으로 흩뜨리는 대역사에 정치인들이 운명을 거는 일은 어느 나라에서나 흔히 볼 수 있는 풍경이 아니다. 각 정권마다 100여 개씩, 김영삼 정권 이후 약 400여 개의 크고 작은 공약이 집행되었으며, 차기 후보 캠프에서 또 100여 개를 쏟아낼 것이다. 공약은 상상을 불허하고 기상천외할수록 효과 만점이다. 세종시와 4대강은 당시로서는 파격적인 기획이었다. 차기 캠프에서는 아마도 판을 휩쓸 더 충격적인 것들을 찾아 헤맬 터. 무상의료 실시, 광주-대구 고속철도, 두바이 같은 자유무역항, 명품 아파트 200만 호, 시베리아종단철도 종착역 건설 등이 불쑥불쑥 튀어나올 것이다.

그런데 문제는 일단 표로 굳힌 공약을 이행하지 않을 도리가 없다는 점이다. 폐기하면 공약(空約) 남발, 배신 정부로 찍히고, 지키자니 천문학적 예산과 분란이 뒤따른다. MB와 노무현 전 대통령 10대 공약 사업비만 195조 원이 든다는데, 여기에 차기 정권 예상 사업비 100조 원가량을 더하면 대략 정부 1년 예산에 버금간다. 세계 어느 나라가 300조 원을 대통령 공약 사업에 쏟아 붓고 있는가? 하루살기 힘든 2000만 서민이 돈 없어 가슴을 쥐어뜯는 게 오늘의 현실 아닌가. 그 돈은 자본금 1조 원, 총자산 5조 원의 대기업 300여 개를 만들 수 있는 금액이다. 국민이 주인인 300여 개의 공기업을 만들어 각 시도에 호기 있게 나눠주면 어떨까? 50만 개의 알짜배기 일자리가 생기니 지역민도 환호할 것이고, 정치인끼리 다투는 일도 없어질 것이다.

공약 사업을 둘러싼 분란은 대한민국의 고질병이 되었다. 고속철도와 신공항은 이해 갈등이 적은 사안이었다. 경부가도가 조선시대부터 존재했기에 초등학생이라도 대강 비슷한 노선을 그렸을 것이다. 그런데, 노무현 정권과 현정권의 국책사업은 누구라도 고개를 들이밀 수 있는 엄청난 로또여서 지자체로서는 단념할 수가 없다. 공약 사업은 조용한 민심을 들쑤시기 일쑤다. 옆 동네에 경사 났는데, 배 아프지 않을 장사 있는가 말이다. 민심 동향에 목매는 단체장들도 온몸을 던져 유치작전에 매달리는 결기를 보여줘야 한다. 행정도시 이전, 기업도시와 혁신도시 선정을 두고 얼마나 시끄러운 날들을 보냈는가? 오늘, 같은 일이 벌어지고 있으며, 기상천외한 공약이 선보일 내일도 그럴 것이다. 다 팔자소관으로 그냥저냥 사는 지역민을 들쑤

셔 모두 뿔나게 만드는 '뿔난민국', 지역 지도층과 정치인들을 삭발, 단식투쟁, 시위행진으로 내몰아 모든 면에서 분란을 부추기는 '분란민국'이 대한민국의 현주소다.

총선과 대선으로 지역 싸움이 진정되기도 하지만, 여진이 강하게 남아 차기 정권을 궁지에 빠뜨린다. 노 정권의 기업도시와 혁신도시는 공정이 겨우 30퍼센트 남짓하고, 기분을 잡친 세종시는 뒷전이다. 과학 비즈니스벨트는 차기 정권에서 애물단지가 될 소지도 있다. 각 대선 캠프에서 개발 중인 비밀병기들을 검증할 방법이 없고, 2006년 시작된 매니페스토 운동도 별 효력이 없다면, 아예 대통령 공약을 예산 규모로 제한하는 방법을 고려할 만하다. 분란의 악순환을 끊기 위해, 가령 공약 사업 총규모를 30조 원 이하로 규제하는 것이다. '대통령 4년 중임' 개헌을 통해 정책 연속성과 책임성을 제고하는 것도 분란민국을 종결하는 좋은 방법이다.

5년마다 반복되는 고유의 풍토병

대한민국 정치가 실종되었다. 이번만이 아니다. 5년마다 반복되는 대한민국 고유의 풍토병이다. 18대 국회는 이미 종쳤고, 19대 국회 의원들은 겨우 지각 개원을 하고도 마치 초등학교 신입생들처럼 반편성하고 규칙 익히고, 상정안을 두고 격돌하느라 삼복더위를 훌쩍 지냈다. 낯가림하는 초선의원들은 구석에 몰려 있고, 중진의원들은 유력한 대선주자에 줄 대느라 정신이 없다. 혹시 주류에서 이탈하면 4년이 고달플 터라 개원 후 서너 달은 민생보다 정치판 분위기 파악이 먼저다.

이른바 대선정국인데, 의원들에게는 정치생명이 오락가락하는 중차대한 시절이다. 줄만 잘 잡으면 차기 정권에서 장관은 물론 요직에 올라 화려한 정치인생을 펼칠 수 있다. 그러니 민생이 문제랴, 대한민국이 어디로 표류하든 그게 문제랴. 알쏭달쏭할 때는 용한 점쟁이한테라도 가서 내년 운세를 짚고 천운을 점지하는 부적 하나라도 하사받아야 한다. 일단 정기국회가 열리면 전 국민의 관심을 유발할 민감한 사안을 물고 늘어진 다음 예산안을 호통 속에 처리해주고, 차기 정권이 진용 정비를 마칠 내년 상반기까지 이대로 죽 달리면 된다. 대권 장악과 집권당 등극에 올인할 한국 정치는 내년 봄에나 귀환할 예정이다.

4년 전, 한밤중에 달려 나가 의기양양하게 전봇대를 뽑던 청와대는 이미 날개를 접은 지 오래다. 국내 정치를 주무르던 어르신들이 수인 신세가 되거나 구속 예감에 떨고 있는 판에 어느 철없는 국무위원이 잊힌 공약들을 실행하자고 호기 있게 외치겠는가. 창의 깃발을 높이 들어도 언론 방송의 카메라는 이미 다른 곳에 꽂혀 있고, 시민들도 뒤늦게 웬 '개그 콘서트'냐 할 것이다. 관료들의 생존 본능이 빛날 때가 바로 이즈음이다. 될 일은 늦추고, 안 될 일은 아예 손도 안 대는 그 빛나는 관료의 지혜는 내년 상반기 새 정권이 바짝 조일

때를 대비하고 있다. 강약중강약 4박자 리듬에서 지금은 약의 시간, 복지부동이라는 참호에서 달콤한 휴식을 취할 시간이다.

5년 전, 열린우리당이 소멸되던 2007년 8월 5일, 대통령은 청와대에 있었다.

불과 4년 전, 100여 명의 추종자들이 100년 정당 건설을 맹세했던 자리, '산 자여 따르라'를 목놓아 불렀던 그 자리엔 아무도 없었다. 정통 진보를 자처하며 대권을 향해 돌진하던 수하 장수가 새 명패를 내걸자 너도나도 투항한 뒤였다. 홀로 남은 대통령이 일갈했다. '정치를 제대로 못 배운 불량 자제들이 바깥 친구들과 내통한 탓이다.' 대통합민주신당은 대통령을 제명했다. 집권 여당을 청와대의 엄호부대로 격하시킨 노무현식 말 정치에 대한 보복이었다. '환희의 맹세'를 '증오의 결별'로 변질시키고야 마는 한국 정치의 순환구조엔 화려한 승자를 비운의 지도자로 만드는 독배가 들어 있다.

한나라당이 새누리당으로 명패를 바꿔 달았던 2012년 2월 3일, 대통령은 청와대에 있었다. 그런데, 정말 대통령이 그곳에 있는지 관심을 기울인 사람은 드물었다. 새누리가 유치원 이름인지 교회 이름인지 설전이 오갔을 뿐, 자연 제명이라도 되었는지 도무지 대통령에겐 관심이 없었다. 집권 초기 한밤중에 달려가 전봇대를 뽑거나 경찰서를 불시 방문하던 의욕적 지도자에 대한 스포트라이트는 꺼졌다. 재벌 2, 3세의 외식 사업을 책망하고 대기업 근로시간 단축의 필요성을 역설해도 실세들의 비리 파문에 묻혀 힘이 실리지 않았다. 이 생사가 교차하는 순간에 학교폭력 방지 대책을 세우라는 지시가 모기 소리처럼 들려왔을 뿐이다. 유권자가 기대했던 정치 도덕과 경제 능력이 4년 만에 바닥을 드러내자 집권 여당은 다시 '증오의 결별'에 직면했다. 이번에도 유력한 대권주자가 나섰다. 사상 최대의 압승을 기록한 화려한 승자를 비운의 무덤으로 보내는 작업이 진행되었는데, 그때 대통령은 청와대에 있었다. 할 일이 없었다. 그냥 있었다.

5년마다 반복되는 '정치 실종' 상황은 사실상 집권 세력이 자초했다. 누구를 탓할 수도 없다. 그런데 이렇게 지독한 정치 실종은 민주화 이후 초유의 현상처럼 보인다. 열린우리당 해체 비대위가 활동할 때만 해도 고 노무현 대통령은 가만있질 않았다. 한미 FTA를 선언했고 종부세에 대못질을 했으며 남북정상회담을 추진했다. 2020년대 한국의 청사진도 그려냈다. 신정아, 변양균 사건에 묻히기는 했지만 말이다. 그런데 지난 서울시장 보궐선거 이후 청와대는 아예 입을 다물었다. 내곡동 사저 문제, 측근 비리, 선관위 홈페이지 공격에 아연실색한 시민들은 보수세력에 대한 마지막 기대를 접었다. 심기일전할 최소한의 입지조차 없는 것은 아니지만 상황이 너무나 급박하고 궁색해졌다. 여기에 야풍 쓰나미가 몰려오는 총선정국에 어찌 움직여볼 엄두가 나지 않았다. 청와대 인사들과 정부관료 모두 난파선에서 뛰어내릴 궁리만 하고 있는가, 국민의 힘을 북돋울 어떤 정치적 발언도 못 하고 있으니 말이다. 흉흉한 민심을 외면한 오만, 서민생계를 내팽개친 무지, 정책 능력 부족, 독단적 행보가 한나라당의 대중적 이미지였다. 대통령과 집권 여당이 사과는 여러 번 했으나 변한 게 없다는 사실을 시민들은 알고 있다. 현정권은 사업 정부, 수주 정부였다. 4대강 사업, 원자력발전소, 자원 외교, 보금자리 주택, G20 정상회의, 동계올림픽 등 수주와 발주에 온 힘을 쏟은 대신, 사회발전에 꼭 필요한 단계별 조치들, 한국사회의 고질적 현안들을 조금도 해소하지 못했다. 이명박 정권의 역사적 사명인 '사회 민주화'는 엄두도 못 냈다. 공정사회까지는 바라지 않더라도 CEO 출신 정권이 골목상권을 거의 망가뜨리고, 건설업체를 절반이나 부도내고, 중소기업을 결딴낸 까닭을 모르겠다. 벼랑에 몰려서야 복지 보따리를 풀어놓는 근시안적인 정치동네로 젊은 세대는 결코 회귀하지 않는다. 5년 전 진보정권은 목소리만 컸지 허약했다. 지금 보수 정권은 할 바를 잃었다.

그런데 이제는 알겠다. 정권이 교체되어도 한국 정치의 운명적 굴레인 영욕의 순환구조는 바뀌지 않을 것임을. 민주화 이후 출현한 네 차례의 정권이 피할 수 없었던 부침의 순환, 상승과 추락의 곡예, 그리고 결국 화려한 승자를 비운의 무덤으로 인도하는 저 영욕의 문이 한국 정치에 내장되어 있음을. 또한 총선은 출중한 장수의 등극을 위한 당파적 축제이며, 대선은 그를 결국 한국 정치의 허기진 제단에 제물로 바치는 거국적 축제임을 말이다. 그 불가항력적인 순환구조에 저항하던 고 노무현 대통령은 "운명이다"라는 마지막 말을 남기고 우리 곁을 떠났다. 집권 몇 달을 남긴 이명박 대통령, 권력 실세들이 퇴진하고 기반이 해체되는 상황에서 숨죽여 지낼 수밖에 없는 대통령은 지금 청와대에 있다. 그냥 있다. 이 영욕의 순환구조를 바꿀 가능성은 없는가.

04

악마의 맷돌은 왜 다시 돌기 시작했는가?

04

그들은 왜 쫓겨나고 파산했는가? | 메뚜기떼, 벌떼, 새떼, 그들이 노리는 것들
뉴욕의 택시기사, 미래를 포기하다 | 불운의 황제 고종 그리고 노무현
309일의 역사 | 양극단 사이에서

그들은 왜 쫓겨나고
파산했는가?

'악마의 맷돌'이 진정 다시 돌기 시작했는가? 세계는 유럽발 위기로 숨 고르기를 하고 있다. '악마의 맷돌', 산업혁명의 우렁찬 구호가 인류를 처참한 빈곤 상태로 몰아가는 광경을 영국 시인 윌리엄 블레이크(W. Blake)가 비장한 심정으로 묘사한 말이다. 인간과 자연을 갈아 죽이는 악마의 힘! 지난 두 세기는 이 악마의 힘을 천사의 날개로 바꾸는 문명 과정이었다. 그런데 1998년과 2008년, 인류는 이 '악마의 맷돌'이 돌기 시작하는 소리에 경악했고, 급조된 수십조 달러의 공물로 겨우 진정시켰다. 지구촌 서민들은 엄청난 대가를 치렀다. 3000만 명이 일자리에서 쫓겨났고, 5000만 명이 극빈자로 전락했다. 정작 문제를 발생시킨 당사국보다 다른 국가의 피해가 더 컸다.

아카데미 영화상 다큐멘터리 부문 수상작인 〈인사이드 잡〉은 월가의 내부, 그 카지노 자본주의의 메커니즘을 해부해 보여주었다. '악마의 맷돌'을 돌리는 탐욕의 네트워크가 난공불락의 성채란 점을 말이다. 한마디로 두렵다. 20조 달러의 세금을 쓰고도 월가 CEO들은 수천만 달러의 성과급을 받았다. 임원들과 금융공학자들은 파생상품이 '쓰레기'임을 알면서도 그걸 2006년 한 해 동안 1조 달러어치나 팔았다. 서민들이 집을 잃었다. 월가의 CEO이자 파생상품 찬양자들이 모두 재무장관으로 발탁됐다. 래리 서머스, 헨리 폴슨, 로버트 루빈, 티모시 가이트너가 그들이다. 이들은 예외 없이 백만장자다.

2008년 골드만삭스는 AIG 파산을 예견한 상품을 만들어 수백억 달러를 벌었다. 동업자들끼리 사투를 벌인 것이다. 금융개혁을 약속했던 오바마 행정부는 이들의 동료들로 둘러싸여 있다. 하버드 대학 총장을 지낸 래리 서머스는 오바마의 경제고문이었다. 누가 악마의 맷돌을 돌리는 세력을 막아낼 것인가?

'열심히 일했을 뿐인데, 왜 내가 쫓겨나고 파산해야 하는가?' 서민들의 피눈물에 세계는 두 가지 교훈을 떠올린다. 실력에 부치는 정부재정 지출을 삼가라, 신용부도 스와프(CDS) 같은 금융상품을 규제하라. 그런데 실행이 어렵다. 베짱이 국가의 놀고먹는 습관을 하루아침에 고치기란 불가능하기 때문이다. 개미 국가가 감당해야 한다. 미국, 영국, 남부 유럽은 베짱이 국가, 일본, 독일, 중국, 한국이 개미 국가다. 베짱이 국가에서 문제가 발생하면 개미 국가가 그걸 감당해야 할 뿐만 아니라 더 큰 피해를 입는다. 한국이 그렇다. 독일, 일본, 중국은 내수시장이 커서 충격파를 흡수할 수 있는 여력이 있음에 비해, 한국은 무역의존도가 80퍼센트에 달하고 내수시장이 작기 때문에 금융위기에 지극히 취약하다. 1998년, 2009년에 휘청거렸던 한국 경제를 생각해보라.[8]

그렇다고 문제를 일으킨 국가들로 하여금 당장 복지와 연금을 줄이라고 하면 인생이 고달파지고 인심이 흉흉해진다. 제조업 기반이 취약한데 연금과 복지 지출이 버거웠던 그리스, 이탈리아, 스페인이 당면한 정치 현실이다. 투기자본의 괴력도 공포다. 투기자본에 의존

---

[8] 한국의 무역의존도는 세계적인 수준이다. 2008년 당시 미국 21퍼센트, 일본 24퍼센트, 인도 29퍼센트, 호주 33퍼센트, 영국 38퍼센트, 스페인 42퍼센트, 프랑스 43퍼센트, 러시아 49퍼센트, 중국 62퍼센트, 독일 63퍼센트였다. 무역의존도가 클수록 세계경제발 충격에 약하다.

했던 아일랜드는 이미 파산 지경이고, 자립 경제를 일구며 별 탈 없이 살던 아이슬랜드 역시 투기자본에 휘말려 엉망이 됐다. 월가 자본주의가 이런 틈새를 놓칠 리 없다. 이들 국가의 위험한 국채를 매입한 대형은행들에 보험 상품을 판매하고, 다시 이를 2, 3차 파생상품으로 금융시장에 내놓는다. 신용부도 스와프다. 20세기 중반까지는 볼 수 없었던 월가 자본주의의 신무기, 신용부도 스와프 때문에 그리스와 스페인이 무너지면 유로존은 물론 세계 금융시장에서 연쇄 파산이 일어난다. 2012년 6월 초, 유럽연합이 유로존 4위 경제대국인 스페인에 구제금융을 제공하기로 결정한 것은 바로 이 때문이다.

스페인의 국내총생산은 그리스의 다섯 배, 포르투갈과 아일랜드의 여섯 배를 넘는다. 스페인의 공공부채는 7300억 유로에 달하는데, 스페인이 발행한 국채의 대부분을 독일, 프랑스계 은행들이 매입했다. 빚을 다른 국가들이 떠안은 것이다. 스페인이 파산하면 독일, 프랑스 은행들이 위험해지고, 이는 곧 유로존의 붕괴를 뜻한다. 경제 규모가 작은 그리스는 차후 문제다. 스페인은 1999년 유로존 가입 후 이자율이 싼 외국 자본의 덕을 봤다. 저리 대출로 부동산 붐이 일었는데, 2009년 월스트리트발 금융위기로 주택 가격이 25퍼센트 하락하자 신규 주택 소유자는 대부분 빚의 노예가 됐다. 이것을 국책은행이 떠안았는데 부실 채권이 늘어나자 정부도 감당할 수 없는 지경에 다다랐다. 유럽연합에 구제금융을 요청하지 않을 수 없었다.

여기서 잠시 우리가 혹독하게 겪었던 외환위기를 환기하자. 1998년 한국의 외환위기 상황을 기억해보면 구제금융이 어떤 참상을 몰고 오는지 알 수 있다. IMF 구제금융이 결정되었던 1997년 12월 5일, 고백하건대 필자는 구제금융이 무엇인지, IMF에서 어떤 조건을 강요할지를 몰랐다. 필자뿐 아니라 경제 전문가를 제외하고는 대부분 구제금융에 문외한이었을 것이다. 필자는 연구에 돌입했다. 한국이 어떻게 될지, 내가 애써 가꾼 가정경제에 어떤 암운이 들이닥칠지를 말이다.

1997년 12월 중순, 원-달러 환율이 1200원에서 1500원대로 급상승했다. 원자재와 부품 수입 업체들이 비명을 질렀고 파산 직전에 몰렸다. BIS 비율(지급기준율)을 맞추라는 IMF의 명령에 따라 은행들이 현금 환수에 착수하자 부동산 가격이 급락했고 이자율이 치솟았다. 당시 한국의 이자율은 아마 세계 최고였을 것이다. 22퍼센트까지 치솟았으니까 말이다. 현금 보유자들은 돈을 벌었지만, 서민들 대부분은 세계 최고의 이자를 감당해야 했다. 중도금 내는 사람, 대출받은 사람들의 가계는 파산으로 치달았다. 하루하루 매출로 먹고사는 중소기업들이 연쇄 파산했다. 하루에 기업 1000개가 무너졌고 주가는 600선까지 폭락했다. 이때 주식을 사들인 현금 보유자들은 1년 후 떼돈을 벌었을 것이다. 1인당 국민소득은 1만 불에서 6000불로 내려앉았다. 유동성이 부족한 기업들은 대량 바겐세일을 시작했다. 생존 전략이었다. 당시 100여 대의 항공기를 보유한 대한항공 주식 총액이 1억 불에 불과했다. 투기자본이 적대적 M&A를 했더라면 대한항공 주인이 바뀌었을 터이지만, 다행히도 외국 자본 투자 상한선 규정이 살아 있었다. 부동산은 달랐다. 민첩한 투기자본이 대량 바겐세일에 나선 한국의 부동산을 그냥 둘 리 없었다. 당시 한국 최고 품위를 자랑했던 역삼동 스타빌딩이

4000억 원이라는 헐값으로 싱가포르 자본에 매각됐다. 7년 후 한국 자본은 1조원을 주고 스타 빌딩을 되찾았다.

재산상의 손해만 본 게 아니다. 금융가 여의도에서는 실직자들이 쏟아져 나왔고, 문을 닫은 전국 공장에서 실직 노동자들이 빈손으로 쫓겨났다. 서울역에는 역사상 최초로 노숙자들이 드러누웠다. 5000여 명의 노숙자가 서울역을 헤매고 다녔다. 더러는 뒷주머니에 퇴직금과 해고수당을 넣고 다녔지만, 대부분은 빈털터리였고 살길이 막막한 사람들이었다. 실업자 180만 명, 실업률 10퍼센트를 기록했다.

당시 대학 졸업반 학생들은 대부분 취업 재수를 불사해야 했다. 일자리가 없었고 신규 채용은 전무했다. 기업 세일과 대량해고를 감행하는 판에 신규 채용은 생각할 수주차 없었다. 2000년대 초반, 대입 면접에서 가끔 그런 고백을 하는 학생들을 만났다. 어느 날, 하루 아침에 부모님 회사가 부도를 맞아 학업조차 어려운 지경에 빠진 학생들을 말이다. 학생들은 왜 그런 사태가 일어났는지, 왜 부모가 잡역부로 나서야 했는지를 이해하지 못했다. 나의 성실함, 내 부모들의 근면함과는 상관없이 세계시장에서 벌어진 이해할 수 없는 일들이며 한국의 경제 당국, 정책 입안자들, 감시자들, 기업인들이 저지른 탐욕과 실수의 대가는 고스란히 서민들의 몫이었다. 서울역 노숙자들도 취기로 버틸 뿐 다른 도리가 없었다.

구제금융을 받은 스페인 국민들이 그런 각오를 했는지는 모를 일이다. 외신에 따르면 스페인은 이미 공무원 급여 5퍼센트 삭감, 정부 지출 8퍼센트 삭감을 실행했다고는 하지만, 한국처럼 은행 부실 제거, 공적자금 투입, 자산 매각, 대량 해고, 이자율 인상, 봉급 동결 등의 광범위한 구조조정과 긴축정책이 기다리고 있을 것이다. 축제의 나라, 정열의 나라 스페인에 혹한의 눈발이 휘날릴지 모른다. 아무튼, 악마의 맷돌이 다시 돌기 시작했다.

메뚜기떼, 벌떼, 새떼, 그들이 노리는 것들

유로존의 위기는 예상한 바였다. 남부 유럽이 유로존에 가입하면서 북부 유럽은 생산 국가, 남부 유럽은 소비 국가로 재편되었다. 스칸디나비아 반도 국가와 독일, 프랑스가 생산 국가라면, 스페인, 그리스, 이탈리아, 포르투갈이 소비 국가다. 남부 유럽은 유럽공동체 일원이 되면서 이른바 '유럽화'의 덕을 톡톡히 봤다. 자국의 경제 능력과 재정 능력을 상회할 정도로 복지 수준을 끌어올렸으며, 원래의 실력보다 훨씬 평가절상된 화폐로 밀려오는 고급 상품을 마음껏 소비했다. 스페인과 이탈리아는 그런대로 제조업 기반을 갖추고 있는 나라이지만, 포르투갈과 그리스는 관광과 해양자원 외에 별다른 수입원이 없는 나라다. 수입원을 상회하는 지출은 결국 국가의 재정적자를 야기하고 소비를 줄이지 않는 한 재정적자는 악화되게 마련이다. 그리스가 바로 그런 사례이다. 연금과 복지를 줄이지 않으면 국가재정이 악화될 수밖에 없음을 뻔히 알면서도 수혜자들의 거센 반대에 부딪혀 긴축정책을 실행할 수 없는 것이 바로 정치의 논리다. 지난 몇 년 동안 그리스는 긴축재정을 실시하려는 정부에 반대해 연금 수혜자와 공무원, 봉급생활자들의 항의 시위가 끊이지 않았다. 이런 사태는 구제금융으로 귀결될 수밖에 없다. 만약 구제금융으로 재정적자를 결국 메우지 못하고 누적된다면 국가 파산이라는 불행한 사태를 맞게 된다. 국가 파산은 은행 파산, 은행 파산은 금융위기를 낳는다. 유럽발 금융위기는 세계의 자본 네트워크를 타고 전 세계로 확산될 것이다. 한국은 무사할까? 우리는 2009년 그런 쓰라린 경험을 이미 했다.

2009년 위기는 월스트리트에서 시작됐다. 월스트리트에서 화염이 치솟자 전 세계 시장은 어둠의 터널로 들어갔다. 한국도 예외는 아니었다. 주가가 4년 만에 심리적 저지선 아래로 추락했고 환율이 공포의 1400원 선을 돌파했다. 한국에서만 하루에 100조 원이 넘는 돈이 증발했고, 세계 증시에서는 수조 달러가 자취를 감췄다. 시장이 먹어치운 것이다. 먹이를 찾아 꺼이꺼이 울며 미친 듯 헤매는 시장을 달래려 미국이 1조 달러의 공물(供物)을 바치고, EU가 수조 유로의 구제금융을 모으고, 아시아가 800억 달러의 긴급 자금을 조성하겠다고 용서를 빌어도 거식증에 걸린 시장은 대륙을 가로질러 질주했다. 그걸로는 턱도 없다는 듯이, 돈 냄새가 나는 곳이라면 언제든지 똬리를 틀고 앉을 태세였다. 월가의 탐욕이 금융시장을 잘못 건드린 것이다. 시장의 허기를 잘못 촉발하면 재앙이 들이닥친다. 월스트리트발 허기증은 세계를 공포에 빠뜨렸다.

허기진 시장은 돈의 주인을, 주인의 인품과 형편을 따지지 않는다. 기업 비축 자금, 세금, 보유 외환을 포식하고도 모자라 결혼 자금, 학자금, 증권, 주식, 단기 투자금, 대출금에 서린 서민의 애환과 소망을 먹어치웠다. 마치 펄벅의 《대지》에 나오는 메뚜기떼 같았고, 히치콕 영화의 새떼와도 같았다. 그 무시무시한 메뚜기떼들이 파키스탄, 벨로루시, 우크라이나, 아이슬랜드의 들판을 초토화하고 다른 국가 다른 대륙으로 급속히 이동했다. 그것은 상황에 따라 새떼로, 벌떼로도 변할 수 있고, 모래바람, 허리케인, 태풍으로 변할 수 있었다. 무궁무진한 변신력과 증식성을 촉발한 것은 바로 월스트리트였다.

1920년대 대공황의 진원지였던 월스트리트가 시장의 변덕스런 성깔을, 자신도 주체할 수 없는 무서운 번식력을 몰랐을 리 없다. 자만했던 것이다. 경제인류학자인 칼 폴라니(K. Polanyi)가 그토록 경계해 마지않았던 '악마의 맷돌'이 돌아가는 속도를 첨단 금융지식과 정보 시스템으로 충분히 통제할 수 있다고 믿었던 것이다. 시장은 천사일 수도, 악마일 수도 있다. 무역풍을 받아 한껏 돛을 부풀린 범선이 미지의 세계로 필요한 물자들을 날라주었을 때 시장은 천사였다. 교역이 풍요를 선사하고, 풍요가 이윤을 깨우고, 이윤이 탐욕을 낳자 시장은 악마로 변했고 절대자로 군림했다. 사회가 경제법칙의 부속물로 전락한 것이다. 호혜와 재분배는 사라졌다. 인류문명을 훈훈하게 만들던 좋은 것들이 모두 맷돌에 갈려버렸다. 19세기 문명을 집약하는 이 악마의 맷돌은 공장, 기업, 은행, 일자리를 초토화하고 태어난 지 100년 만에 멈춰 섰다. 그것이 바로 대공황이었다.

그런데 1980년대 말, 만반의 준비를 마친 미국이 정예 금융 군단을 앞세워 순식간에 세계를 하나로 묶었다. 명칭도 화려한 각종 금융 상품들이 이번에는 범선이 아니라 초음속 수송기와 초고속 전산망을 타고 전 세계를 하루에도 수십 바퀴씩 돌았다. 동구권이 편입되고 BRICs가 가담하자 물가 불안 없이 호황이 구가되는 '골디락스의 시대'가 열렸다. '악마의 맷돌'이 다시 작동하기 시작했지만, FRB 의장인 그린스펀이 자백했듯 사람들은 아랑곳하지 않았다. 크루그먼, 스티글리츠 같은 뻐딱한 경제학자들의 비판과 경고로 월스트리트의 자기 최면을 깨우기에는 역부족이었다. '19세기의 탐욕'에 '20세기의 오만'이 겹쳐 이번에는 '악마의 기갈증(Satanic Thirst)'을 잘못 건드린 것이다. 프레디맥과 베어스턴스, 메릴린치와 리먼 브러더스가 주역이었다. 기갈증에 걸린 시장은 돈을 찾아 헤맸고, 투자자, 기업, 은행, 정부가 달러를 갈무리하기 시작하자 급기야 '시장은 돈을 부르며 울기 시작했다'. 2009년 금융위기의 실상이었다.

그토록 무시무시한 메뚜기떼, 벌떼, 새떼가 본격적으로 덮치기도 전에 한국 경제는 식은땀을 흘리며 앓아누웠다. 당시 MB 경제팀은 당황했다. 악마의 포식을 어떻게 다스릴 것인가? MB 정권이 운이 없다 치더라도, 주가와 환율의 동반자살, 외환보유고는 많은데 돈이 돌지 않는 이상 증세를 해결하지 못한다면 결국 정권의 실력이 드러나는 꼴이다. '수준 이하', 그게 정부의 초기 대응에 대한 세간의 판정이었다. 위기 발생 한 달이 다 지나는 동안 경제팀의 인식은 낙관에서 비관으로 밀렸다. 한 달 동안 공포의 블랙홀로 수조 원이 빨려 들어갔고 국민소득은 2만 불 이하로 떨어졌다. 한국은행은 은행채 매입이라는 비상카드를 꺼내들었고, 시중은행은 바싹 몸을 사렸다. '돈을 부르며 우는 시장'이 한국을 덮치자 기업들은 황량한 파산의 들판으로 내몰렸다. 2009년 겨울과 2010년 봄의 풍경이다.

당시 MB 경제팀은 지하벙커에서 몇 개월을 보냈다. 결국 그런대로 방어막을 쳤고 한국 경제를 위기에서 구출했다. 메뚜기떼가 지나간 것이다. MB 정권이 그나마 내세울 수 있는 최고의 업적이었다. 그렇다면, 2012년, 지금은 어떨까? 유럽발 위기는 한국에 어떤 영향을 미칠 것인가? 마침, "대공황 이후 최악의 사태가 예상된다"고 김석동 금융위원장이 경계경보를 발령했다. 이거야 원, 정기 행사도 아니고 금융시장의 파상공세가 시시때때로 밀려오니 마음을 놓을 수가 없다. 월스트리트발 위기로 한국 경제가 출렁였던 때가 바로 엊그제인데 그보다 더 위력적인 퍼펙트 스톰이 몰려온다면 이제 어디로 몸을 숨겨야 하는가. 스페인이 구제금융 사태에 내몰리자 미국은 유럽연합과 핫라인을 설치했다. 세계제패를 내걸고 미국과 각축전을 벌이는 중국도 이자율을 낮췄다. 투자와 소비 부양책이다. 그럼에도 향후 한국의 경기가 중국을 필두로 세계시장의 동향에 달려 있다는 사실이 영 불안한 것이다.

한국 경제의 운명은 이미 외부자의 손에 맡겨진 지 오래다. 무역의 존도가 80퍼센트를 넘는 개방 경제 체제이기 때문이다. 우리가 아무리 많이 생산해도 세계시장이 결빙되면 재고가 쌓인다. 세계시장의 주문이 끊기면 생산라인은 멈춘다. 이미 선박 주문은 40퍼센트가 줄었고, 가전제품 판매량은 20퍼센트, 자동차 판매량도 10퍼센트 줄었다.

주식시장이 침체했을 뿐만 아니라 실물경제지수가 대부분 곤두박질치고 있다. 수출, 생산, 소비가 동반 하락하고 장기 불황의 초입을 통과하는 상황을 두고 재벌과 대기업들은 비상대책반을 가동하기 시작했다. 해외 소비가 줄면 생산라인을 축소해야 하는데 이는 곧 기업이 긴축에 돌입해야 함을 의미한다. 미국을 비롯하여 소비력이 큰 시장인 BRICs(브라질, 러시아, 인도, 중국)도 급속히 여력을 잃고 있다. 중국이 버텨주면 좋겠는데 중국도 유럽연합에 대한 주요 수출국이기 때문에 자연히 중국 경제도 위축될 것이다. 유럽발 위기는 중국을 거쳐 한국에 고스란히 전가될 전망이다. 아직 2009년처럼 금융위기가 실물경제에 타격을 주는 상태는 아니지만 그럴 개연성은 매우 높다. 불안하다.

경제 전문가들은 그래도 최악의 시나리오는 피해 갈 거라고 내다본다. 그리스가 사태를 악화시킬 우려가 크지만 스페인이 구제금융을 통해 회생 가능성을 높여간다면 유럽발 위기는 당장 폭발하기보다는 장기화될 개연성이 더 크다는 것이다. 붕괴가 아니라 침체 국면이 지속된다는 뜻이다. 이는 세계경제의 장기 침체를 의미할 뿐 아니라 세계경제와 긴밀하게 연동된 한국 경제의 장기 침체를 의미한다. 해외시장 의존도가 매우 높은 한국의 경제성장률은 지난 10여 년간 세계의 경제성장률과 거의 일치하는데 이 역시 그런 전망을 뒷받침한다. 마이크로소프트, 애플, 구글, 페이스북 같은 IT업계를 주도하는 창조형 기업이 부족하고 제조업 생산에 주로 의존하는 한국 경제는 세계시장의 소비력과 정확히 맞물려 있다. 다만, 2009년 금융위기 같은 대형 사고가 터지지 않는다면, 또는 유로존의 전면 붕괴 같은 대

재앙이 발생하지 않는다면, 한국 경제는 적어도 향후 5년 정도는 저성장과 침체 국면에서 지리한 싸움을 계속해야 할 운명이다.

뉴욕의 택시기사,
미래를 포기하다

　2011년 여름 뉴욕, 맨해튼 빌딩 숲을 부지런히 누비는 옐로우 캡(노란 택시)을 탔다. 네온이 작열하는 밤이었다. 약간의 취기를 이용해 운전사에게 말을 걸었다. 그는 다행히 매우 친절하고 솔직한 40대 흑인 남자였다.

　- 얼마나 일해요?

　- 하루 20시간.

　- 한 달에 얼마 버나요?

　- 2000불!

　- 어디 살아요?

　- 맨해튼에서 30킬로미터 떨어진 빈촌. 바다를 건너 매일 이리로 일하러
　　오죠.

　- 애들은 대학 보내요?

　- ……

이쯤 해서 분위기가 험악해졌다. 운전하느라 잊었던 자기 신세가 생각났으리라. 내가 너스레를 떨어야 했다. 방금 지나쳐온 월가의 투자자들, 전문 딜러들, 변호사들을 막무가내로 비난하기 시작했다. 그들을 '죽일 놈들'로 단정하자 분위기가 좀 나아졌다. 운전사가 다시 기분을 내기 시작할 무렵 나는 목적지에 도착했다. 물론 내릴 때 두둑한 팁을 잊지 않았다.

맨해튼의 어지간한 레스토랑은 저녁 식사에 60불 정도를 내야 한다. 여기에 포도주 한잔에 후식까지 곁들이면 100불을 훌쩍 넘긴다. 다섯 명이 회식을 한다면 간단히 500불이고 팁까지 계산하면 600불이다. 택시운전사 월급의 3분의 1을 한 끼 식사에 쓰는 셈이다.

한국 사정은 약간 나은 편이다. 중상급 식당에서 저녁을 먹는다면 일인당 3~4만원은 보통이다. 5인 회식엔 15~20만 원 정도. 통상 150만 원 안팎인 택시기사 수입 7분의 1을 한 번의 회식에 쓰는 셈이다. 다른 점이 있다면, 한국의 택시기사는 자녀들을 모두 대학까지 보내느라 안간힘을 쓴다는 사실일 것이다. 중,고등학생 자녀 학비에 대학생 등록금까지 조달해야 한다. 요즘 필수품이 된 휴대전화 대금, 주택자금 대출 이자, 개인 보험 등을 감안하면 앞서 말한 흑인 택시기사와 다를 바가 없다. 당연히 삶이 팍팍해지게 마련이다. 뉴욕의 저소득층은 미래를 포기했다. 한국의 저소득층은 자녀들에게 투자하면서 미래를 꿈꾼다. 이 점이 다를 뿐, 현실 생활의 어려움은 같다. 뉴욕과 서울, 빈곤한 이들의 생생한 모습이다.

통계에 의하면, 한국의 봉급생활자 중 한 달 수입이 200만 원에 못 미치는 사람은 전체의 50퍼센트 정도였다. 100만 원을 못 버는 사람도 14퍼센트에 달해 국민소득 2만 불 시대에 빈곤이 얼마나 널리 퍼져 있는지 짐작할 수 있다. 물론 가족 수입을 모두 합치면 이보다는 약간 늘어나겠지만, 1인당 국민소득이 2만 불을 넘었다고 해서 저소득층과 빈곤층의 생활이 나아진 것은 아니다. 2012년 현재, 기초생활 보장 대상자인 극빈층(절대적 빈곤층)이 150만 명, 바로 위에 자리 잡은 차상위 소득층(상대적 빈곤층)이 약 400만 명, 수입이 도시 근로자 평균소득에 못 미치는 저소득층이 400만 명에 이르러 줄잡아 1000만 명이 가난과 씨름하고 있다. 그래서 상대빈곤율이 6.5퍼센트(1992년)에서 13.1퍼센트(2009년)로 급증했다. 선진국으로 도약하자는 구호가 무색할 정도다.

한국의 소득 불평등이 선진국에 비해 아직 낮은 편이기는 하지만, 다들 알다시피 양극화 현상은 날로 심화되고 있다. 조세연구원의 보고서에 의하면, 한국에서 상위 1퍼센트가 벌어들이는 소득 비중은 2011년 16.6퍼센트에 달해 OECD 국가 중 미국(17.7퍼센트) 다음으로 높다. 영국은 14.3퍼센트, 캐나다는 13.3퍼센트이며, OECD 평균은 9.8퍼센트여서 한국보다 훨씬 낮다.

세계화가 진전됨에 따라 강한 자에게 더욱 부가 몰리는 것이다. 시장옹호론자들의 기대와는 달리 세계화는 '빈익빈 부익부' 현상을 가속화했다. 세계화의 충격을 걸러줄 제도적 장치가 미흡한 한국은 유난히 그 속도가 빠르고 추세가 가팔라 우려를 자아내는 중이다. 선진국에 비해 소득 불평등이 아직은 낮은 수준이지만, 빠른 속도로 진행되는 불평등 추세를 억제하지 못한다면 한국사회가 부자와 빈자, 날아가는 자와 추락하는 자, 풍요한 자와 궁색한 자가 완전히 단절되는 상태에 빠져들지 모른다. 20 대 80의 사회를 우려했던 것이 불과 얼마전이었는데, 이제는 1퍼센트 대 99퍼센트 사회를 논할 지경에 이르렀다.

두 가지 지표가 양극화의 추이를 극명하게 집약한다. 하나는, 100대 기업의 산업집중도이고, 다른 하나는 대기업과 중소기업 사이의 임금격차 추세이다. 출하액 기준으로 본 광공업 부문 100대 기업이 차지하는 비중은 총액 기준 39퍼센트(2002년)에서 51퍼센트(2009년)로 급증했고, 같은 기간 200대 기업의 비중은 50.3퍼센트에서 56.7퍼센트로 높아졌다. 이는 특히 시장개방과 자본이동이 본격 추진된 외환위기 이후 10년간의 추이라는 점에서 세계화의 영향을 짐작하게 한다. 100대 기업 혹은 폭을 더 넓혀 200대 기업은 대부분 재벌 집단에 속하는 주력 기업들이다. 이에 따라 대기업과 중소기업 사이의 임금격차도 1.3배 정도(1993년)이던 것이 1.68배(2010년)로까지 커졌다. 특별한 일이 없다면, 100대 기업의 시장점유율은 더욱 확대되고, 임금격차 역시 더욱 벌어질 전망이다.

세계화는 기업들을 무한경쟁의 장으로 밀어넣는다. 우승열패와 적자생존의 냉혹한 법칙으로 기업들과 경제주체들을 다스리는 것이다. 강한 자는 승자로 남고, 약한 자는 도태된다. 세계화에 '중간'은 없다. 강익강, 약익약의 경쟁 논리에 따라 중간에 있던 이들이 양극단으로 몰리고, 세계는 '독식하는 소수의 강자'와 '쇠퇴하는 다수의 약자'로 구획된다. 시장이 인류사회에 번영을 선사하리라는 것은 승자의 약속이자 환상이다. 그래서 '루저 99퍼센트'라는 말이 실감나게 다가온다.

그런데 딜레마가 있다. 세계화의 두 축은 '시장개방'과 '자본이동'이다. 모든 국가가 시장개방을 추진하고 자본이동을 허용한다. 관세장벽을 없애면 상품과 정보가 쏟아져 들어오고, 자본은 값싼 노동력을 찾아 빛의 속도로 이동한다. 한국은 무역의존도가 80퍼센트를 넘는 특별한 국가여서 시장개방과 자본이동의 이점을 최대한 활용하여 성장을 구가해야 하는 운명에 놓여 있다. 설령 국내에서 경제주체와 소득계층 간의 양극화를 가속화한다고 하더라도 세계화의 명령에 따를 수밖에 없다. 경제구조를 아예 그런 쪽으로 정착시켰다.

한EU FTA, 한미 FTA는 시장개방의 공세적 대안인데, 특히 한미 FTA를 둘러싸고 이념을 달리하는 진영 간에 격렬한 투쟁이 발생했다. 민주통합당은 한미 FTA 전면 폐지를 주장했고, 급기야는 야당 정치인들이 미국 대사관에 몰려가 재협상 요구안을 전달하기도 했다. 그것은 옳은 선택일까? 한국의 자본도 값싼 노동력을 찾아 동남아시아로 적극적으로 진출하려 했다. 그 결과 국내 취업자들이 타격을 받았다. 정리해고로 하루아침에 실직자가 되거나 비정규직, 파트타이머의 지위로 전락해야 했다. 2011년 타워크레인에 올라가 나홀로 고공농성을 벌인 김진숙 사건은 정리해고자의 복직을 겨냥한 후진국형 시위, 그러나 생계가 막막해진 노동자로서는 불가피한 항거였다. 이 두 사건이 세계화의 첨병인 '시장개방'과 '자본이동'에 대한 저항의 전형적 사례라면, 이를 어떻게 봐야 할까? 양극화의 제어를 위해 반대 입장에 서야 하는가, 아니면 '그럼에도 불구하고' 지속적 경제성장을 위해 치러야 하는 불가피한 대가로 받아들여야 하는가? 쉽지 않은 문제다.

불운의 황제 고종 그리고 노무현

필자는 한미 FTA가 체결되던 그 봄날을 기억한다. 황사가 서울 상공을 노랗게 덮었던 날, 노무현 정부는 진보진영의 결사 반대를 무릅쓰고 한미 FTA를 밀고 나갔다. 자유무역협정(FTA)이 서민경제를 쑥대밭으로 만들 거라 확신했던 진보진영을 노무현 대통령은 '교조적 진보'라 명명했다. 그리고 시대 변화에 대처 능력을 발휘하는 '유연한 진보'가 되어달라고 주문했다. 재경부 출신 경제통 한덕수 국무총리와 김종훈 교섭 대표가 동분서주했다. 황사가 다소 누그러진 4월 3일, 한미 FTA가 타결되었다는 소식이 전파를 타고 전 세계로 퍼져나갔다. 반미 성향의 정권이 한미자유무역협정에 도장을 찍었다. 1882년 4월 6일 조미수호통상조약이 체결된 지 무려 125년 만의 일이었다. 필자는 이렇게 썼다.[9]

한국과 미국의 통상교섭단이 마지막 담판을 벌이던 4월 2일 새벽 한반도 상공은 온통 짙은 황사로 뒤덮였다. 황사경보가 발령되었고, 시민들은 창

---

9) 〈황사와 FTA〉, 중앙일보 2007년 4월 9일자.

문을 꼭꼭 닫은 채 숨을 죽였다. 125년 전 그날도 그랬다. 고종 19년(1882년) 4월 6일 조선 전권대사 신헌과 미국 전권대신 슈펠트가 조미수호통상조약을 체결하려고 제물포 화도진에서 마주 앉았다. 그때 한양에 진주한 일군과 청군은 '연미국(聯美國)'이라는 고종의 신외교전략에 신경이 사나워져 일촉즉발의 긴장감으로 대치했다. 신헌과 슈펠트가 한문과 영문으로 작성된 조약문을 최종 점검하던 시간에 흙비가 내렸을 거라는 추측은 당시 유례없이 자주 거론된 기우제 때문이다. 고종은 임오년 봄이 오자 열 차례나 넘게 기우제를 올렸으며, 급기야 인정전과 사직단에 나가 특별 기우제를 지냈다. 6월 11일 "드디어 비가 내렸다"(고종실록). 예나 지금이나 조미수약(朝美修約)은 토우(土雨)와 함께 이웃 국가들의 극심한 경계심을 몰고 오는 듯하다.

고종의 '연미국'은 조선의 시장가치를 과대평가한 미국을 불러들여 중국과 일본을 견제하려는 '정치적 균세(均勢)'를 겨냥했다. 조약문은 수출입 품목별로 세세한 관세율을 정하고는 있으나(제5조), 일본·중국과의 무역량에 비하면 보잘것없었다. 조선이 서방 국가와 최초로 맺은 이 조약은 선언적 의미로 끝났다. 이에 비하면 지금의 한미 FTA는 정치·경제에 두루 걸치는 이중적 균세 전략이자 국내에 미치는 충격파도 메가톤급이다.

미국은 세계경제의 헤게모니를 보강해줄 가장 극성스러운 파트너를 얻었고, 그 역할을 성공적으로 수행하는 한 한국은 헤비급 경제국가로 격상할 수 있는 호기를 맞았다. 이런 의미에서 미국과의 시장 통합은 우리의 오랜 골칫거리인 '샌드위치 함정'을 탈출시켜줄 경제적 균세 전략이다. "임금이 저렴한 중국 노동자와 공장공업이 발달한 일본과 경쟁해야 하는 것이 조선의 산업 상태"라는 이 샌드위치론은 이미 1925년 신문 사설에도 자주 오르내렸는데, 한미 FTA는 이어령 교수의 말처럼 거대한 중국과 강력한 일본의 이항대립을 패자 없는 순환구조로 바꾸는 경제적 균세의 중대한 계기다.

통상이 얽히면 정치가 얽힌다. 자본·기술·지식이 섞이면 정치적 이해의 공유면적이 넓어진다는 것은 세계화 시대의 상식이다. 그것은 통상 파트너가 보장해주는 일종의 정치적 보험과 같아서 강대국들의 입김이 엇갈리는 동북아에서 한국은 더 힘을 받을 터다. 그러면 고종이 그토록 갈망하던 '정치적 균세'의 현대 용어인 '균형자 한국'이 실제화될 수 있다.

그러나 우려가 없는 것은 아니다. 환영 여론에 파묻혀 기세가 꺾인 '시기상조론'과 '불가론'을 담론의 중앙무대로 초청해야 할 시점이다. 자유무역은 항상 시장의 약자에게 가혹하고, 한 나라의 혼과 제도를 대책 없이 바꾸도록 강요한다. 낙관론자의 막연한 희망 사고로 이런 경계론을 배척할 때 개방의 찬가는 종속의 신음으로 바뀔 것이다. 상대가 세계 최강국 미국이기에 단기적으로는 모든 부문이 요동치고, 수혜와 피해, 찬반 여부에 따라 사회가 쪼개질 우려가 많다. 마치 고종의 '연미국'이 개화파의 사분오열과 임오군란으로 좌절되었듯 내부의 정치균열은 호기를 악연으로 바꿔버린다. 그러므로 김현종 통상교섭본부장이 외쳤던 그 말, 'We have a deal(합의되었어!)'은 이제 내부 협상이 시작되었고, 그것도 고사가 예정된 약자와 희생자의 관점에 설 것을 명하는 신호다. 그럼에도 일단은 '뚝심 대통령' 노무현이 '불운한 황제' 고종의 125년 묵은 한을 풀어주었다는 것만은 분명하다.

대통령 노무현은 불운의 황제 고종의 한을 풀어주고, 연미적 통상 조약으로 한국의 미래를 선택했다. 그러고는 진보진영으로부터 파문당했다. 2007년 여름이었다.

그리고 5년 후, 한미 FTA를 적극 추진했고 김종훈 교섭 대표의 등을 떼밀었던 당시 열린우리당 리더 정동영 의원이 한미 FTA 반대 시위의 맹장으로 나섰다. 정동영 의원은 투사로 변신했다. 한미 FTA 반대 시위의 앞줄엔 언제나 비장한 표정을 한 그가 서 있다. 데모를 해도 극렬하게 한다. 필자는 한미 FTA가 한국의 주요 제조업체, 예를 들어 선박, 자동차, 철강, 반도체, 가전제품을 생산하는 대기업에는 절호의 기회지만, 농수산업, 축산업, 일부 서비스업, 유통업에는 독이 된다는 사실을 알고 있다. 그렇다고 문을 닫아걸어야 할까? 한미 FTA 체결 5년 후인 지금, 정동영 의원은 과격한 프레임을 만들어 국민들을 반대 진영으로 몰아갔다. '찬성은 매국' '반대는 애국', 그럼 5년 전에 정동영 의원은 매국노였는가? 자신은 판단착오를 일으켰다고 고백하기는 했다. 그러나 헷갈린다. 이 으스스한 이분법 앞에서 국민들은 이만저만한 압박감에 시달리는 게 아니다. 협상을 끌어온 검투사 김종훈 통상본부장은 졸지에 '현대판 이완용'으로 몰렸다. 5년 전 그때, 한미 FTA가 살길이라고 말했던, '이완용의 몸통'이던 민주통합당 실세들에게 버선목을 뒤집어 보일 수도 없는 노릇이다. 5년 만의 변신, 지난 정권에서 사활을 걸었던 국가적 선택을 스스로 뒤집어야 하는 절박한 이유를 우리는 잘 모른다.

'찬성은 매국'이란 급변의 불화살이 김종훈 본부장의 가슴만 뚫은 것은 아니다. 시민들도 부지불식 간에 매국 대열에 끼일지 모른다는 두려움과 맞닥뜨렸다. 명칭도 생소한 ISD(투자자 국가소송 제도)는 변신의 소장이었다. 고 노무현 대통령과 민주통합당 실세들이 쏘아올린 한미 FTA 미사일을 벙커버스터로 바꾸어 회항하게 하는 부호였다. 친미 세력에 날린 경미(警美) 세력의 자주포, 신자유주의자의 환상을 겨냥한 민족주의자의 요격, 여론은 벙커버스터의 위력에 굴복하는 듯하다.

한미 FTA는 정말 나라를 망칠까? 벙커버스터가 국익을 지킬까, 파괴할까? 필자도 헷갈리기 시작했다. 한칠레 FTA는 와인 한잔의 대화로 쉽게 판결 낼 수 있었다. 세계에서 세 번째로 큰 규모인 한미 FTA, 게다가 법조문으로 가득한 ISD를 선술집 안주 삼듯 논하는 것은 장님 코끼리 만지기다. 괴담이 맹위를 떨칠 만하다. 식자들도 헷갈리기는 마찬가지다. 전문가 영역인 것이다. 그래서 물어봤다. 경제학자 다섯 명, 국제법학자 세 명에게.

한미 FTA에 대한 견해는 대체로 일치했다. 한국은 무역 국가이고 해양 국가다. 세계시장으로 뻗어가는 것이 최고의 생존 전략이라는 것이 중론이었다. 거기엔 타이밍이 중요한데 산업 보완론 관점에서 지금이 미국과 협정을 체결할 적기다. 최대 시장인 미국이 버린 산업 틈새를 선점해야 한다. 글로벌 가치생산 연계망에 공세적으로 참여해야 할 우리에겐 주저할 시간이 없다. 한국은 관광으로 먹고사는 그리스가 아니다. 따라서 정치권에서는 개폐공방전이 아니라 피해 부문의 보호 대책을 논의해야 한다는 것이다.

ISD에 대한 국제법학자들의 판단도 그랬다. 경제주권을 제약하는 것은 ISD가 아니라 WTO다. WTO가 판결하면 국가 정책을 철회해야 하지만, ISD는 개별 기업의 권리보장 매뉴얼이다. ISD가 '경제 헌법'이라는 주장은 과장된 견해다. 유럽과 일본 모두 도입한 ISD를 유독 미국이 악용할 거라고 고집하는 배경엔 정치적 의도가 엿보인다. 탐욕스러운 월가 자본이 한국의 공공정책과 자본시장을 집어 삼킨다? 그건 과민증이다. 미국의 대형 슈퍼가 골목상권을 몽땅 파괴한다? 글쎄, 미국의 최강 유통업체 월마트는 철수했고, 코스트코는 양재동 구석에 몇 년째 처박혀 있다. 한국인의 불매운동이 ISD보다 더 위력적이라는 사실을 그들은 잘 안다. 한국은 정치권의 부패 때문에 투자 조건을 수시로 바꾸는 볼리비아나 콜롬비아가 아니다.

한국의 최고 전문가들은 '단단한 사후 대비책'을 전제로 한미 FTA에 적극 찬성했다. 그렇다면, 문의에 응한 경제학자, 국제법학자들은 매국노인 셈이다. 많은 매국 교수들이 많은 학생들을 미래의 매국노로 만들고 있다. 그런데, 미국 하원의원 35퍼센트, 151명은 왜 한미 FTA에 반대표를 던졌을까? 제조업 강국인 한국으로 일자리가 이전될까 두려웠기 때문이다. 한국 국회의원 25퍼센트, 80명은 왜 반대하고, 그중 12퍼센트, 40명은 왜 강경투쟁파로 나섰는가? 농축산업과 서비스업에 미칠 충격 때문이다. 미국은 일자리 이전을 방지할 대책에 나섰다. 한국은 그 충격을 치유할 묘책을 세우기 위해 머리를 맞대야 한다. '미국의 식민지'라는 말로 덮을 일이 아니다. 진정 '미국의 식민지'가 될 위험이 있다면, 중국과 일본에 끼인 한국이 'FTA 폐기론' '잠정 유보론' 말고 달리 생존할 길을 설득력 있게 보여줘야 한다. 국론을 이분법으로 갈라놓는 것이 애국은 아니다.

2012년 총선과 대선이 없다면 이 급작스러운 변신을 단행했을까 하는 질문을 던질 법도 하지만 정치인들에겐 부질없는 소리다. 그래도 주문을 해볼 수는 있겠다. 중국, 일본, 러시아에 둘러싸인 한국은 어떤 결단을 내려야 하는가? 양 날개로 나는 것. 한EU FTA가 오른쪽 날개라면, 한미 FTA는 왼쪽 날개다. 참새 날개를 독수리 날개로 교체하는 21세기 '신조선책략'이다. 멀리 보면, 통일 비용을 줄이는 진취적 선택이다. 통일 후, 허허벌판 북한에 무슨 돈으로 도로, 주택, 공장을 지을 것인가? 미국과 유럽의 자본, 기술, 지식을 십분 활용할 수 있다. 일본의 노다 요시히쿠 수상이 우여곡절 끝에 미일 FTA 논의를 선언했다. 세 가지 명분을 들었다. 한국으로의 일자리 이전, 내수시장의 노쇠화로 인한 산업 침체, 약화되는 미일동맹을 방관할 수 없다는 것이다. 우리 국회는 강경투쟁론자들로 자주 봉쇄되었다. 차기 정권에서도 같은 일이 일어날 것이다.

그러나 한미 FTA는 피할 수 없는 선택이다. 기왕 시장개방에 자유무역을 해야 한다면 강한 자와 붙어 실력과 내구력을 키우는 것이 좋은 방법이다. 칠레는 한국이 경제 강국임을 알고 자유무역협정을 맺었다. 그 나라에서도 같은 논쟁이 일어났을 테지만 포도주를 위시해 농수산물 수출의 활로를 개척하겠다는 취지에서 단안을 내렸던 것이다. 한국은 해양 국가이자 무역 국가다. 한EU FTA도 과감하게 추진한 마당에 한미 FTA라고 못할 것은 없다. 다만 국가가 아닌 일종의 '대륙'에 해당하는 거대 국가 중국과의 FTA는 일단 시간을 두고 생각해볼 여지는 있겠다.

309일의 역사

자본이동은 경제 번영을 촉진하기도 하고, 급작스런 위기를 몰고 오기도 한다. 1996년 한국의 OECD 가입을 계기로 외국 자본이 대거 몰려왔고 그 덕에 한국 경제는 호황을 누렸다. 이자율이 싼 외국돈으로 대기업들이 외형 늘리기 경주에 나섰던 것이다. 그러다 몇 개의 대기업들이 부채 위기에 직면했다. 한보와 진로가 부도 사태에 직면했고 기아차가 파산을 선언했다. 그러자 한국의 경제 적신호에 위기를 느낀 미국, 일본, 유럽 은행들이 한국에서 대출금을 회수하기 시작했다. 돈이 썰물처럼 빠져나갔다. 1997년 12월, 급기야 한국은행의 외환보유고가 바닥을 드러냈다. 외환위기가 시작된 것이다.

한국은 10여 년의 쓰라린 구조조정을 거쳐 세계 금융위기에 대처할 능력을 키웠다. 그리고 자본수출국에 끼였다. 동남아가 주요 무대였다. 한진중공업이 그러한 사례이다. 조선업계의 경쟁이 치열해지자 부산에 거점을 둔 한진중공업은 필리핀 수빅 만으로 공장 이전을 결정했다. 정리해고가 불가피했다. 이 과정에서 노동조합과 혈투가 일어났지만, 외환위기의 그림자가 드리워진 가운데 노동조합의 저항은 그다지 힘을 발휘할 수 없었다. 정리해고가 단행됐다. 실업자가 속출했다. 한국의 고용보험은 실직 후 6개월간 생계비를 지급할 뿐, 그 후에는 혜택을 완전히 끊는 매우 열악한 제도다.[10] 실직자들은 간신히 생계를 유지하면서 복직투쟁에 나섰다. 필리핀 수빅 만에서 수천 명의 저임금 노동자를 고용해 흑자를 올리던 한진중공업은 실직자들의 호소에 냉담했다. 그러기를 8년째, 예전 이곳의 용접공이었다가 정리해고된 김진숙이 타워크레인에 올랐다. 거친 해풍이 불어닥치는 그곳에서 홀로 세 계절을 보냈다. 200일째 되는 날 필자는 이렇게 써야 했다.

고공 40미터, 크레인 꼭대기에 오른 지 200일째, 계절이 세 번 바뀌었지만 태양은 변함없이 떠오른다. 금년 51세, 가족 뒤치다꺼리 끝내고 평온한 여생을 꿈꿀 중년 여인이 해풍 거센 크레인에 홀로 올라 무엇을 말하고 싶었는가. 봄꽃이 피고 지고, 장맛비가 추적거리도록 시간이 흘러도 메아리 없는 대한민국에 전하고 싶은 언어는 무엇인가? '造船강국'의 강인한 노동자들이 사실은 불에 덴 듯한 상처를 안고 산다는 그것인가, 아니면, 풍요를 좇는 '經濟대국' 시민들이 잊고 있던 그 가치를 들춰내 불편하게 만들고 싶은가? 의류공장 시다, 외판원, 한진중공업 용접공에 해고노동자인 그녀의 傳言을 'G10 한국'은 아직 경청할 준비가 안 돼 있다. 아마 그녀는 크레인 쇠 벽에 일기 쓰듯 써내려 갔을 것이다. 200일째, 2011년 7월 25일.

10) 보험 급여 최장기간은 50세 이상 8개월, 30-50세는 6개월이다. 급여액은 실직 전 임금의 32%

국민소득 2만 불 시대에도 이런 일이 일어난다. 정치, 기업, 시민의 단합된 힘으로 이전삼기의 끈기를 보여준 남아공 더반의 낭보에 열광하는 대한민국은 한 평 남짓한 高空 교두보에 단짝 올라앉은 200일의 독백에는 무덤덤하다. 노사합의가 이뤄진 마당에 웬 뒷북치기인가 싶다. 수십 개의 방송과 신문도 비난 일색이고, 부산 시민들도 넌더리를 낸다. 이젠 일상이 된 정리해고와 비정규직 문제가 다시 불거지는 게 불편한 까닭이다. 그런데 분명한 것은, 이 20세기적 문제를 풀지 않고는 '21세기 선진 한국'을 기대할 수 없다는 사실이다. 비단 노동문제만은 아니다. 한국사회를 어떻게 건강하게 만들 것인가를 묻는 본질적 사안이다. 정작 '자본의 시대'를 열고자 한다면, 세계무대에서 환영받는 자본이 되려면 우선 국내 작업장의 목소리를 경청해야 함이 마땅하기 때문이다.

한국은 이 고질적 문제를 풀지 못한 채 고도성장 시대를 건넜다. 1990년 현대중공업 골리앗 크레인 시위는 해고 노동자 복직이 쟁점이었고, 1998년 넉 달을 끈 현대자동차 파업은 정리해고가 문제였다. 1만 2000명의 지위가 단번에 바뀌었다. 같은 사안이 2009년 쌍용자동차에서 터져 나왔다. 기업 생존에는 대량해고가 불가피함은 누구나 동의하지만, 노동자들에겐 絶命의 통지서임은 누구나 인정하지는 않는다. 지난 20년 동안 이 두 개의 생존 법칙이 충돌해서 극한적 파열음을 냈다. 정치활동과 정규직 위주의 민주노총은 아직 해결 방법을 못 찾았다. 꼬리 자르듯 해외로 나간 기업은 한숨을 돌린다. 그런데, 필리핀 수빅 만에 진출한 한중조선소에서 5년간 스물네 명이 안전사고로 죽었다. 현지 노동조합에서는 수빅조선소를 '킬링필드'로 부른다 (시사IN 200호). 20년 전 과테말라 삼풍어패럴은 '버뮤다 삼각지대'로 불렸다. 아침에 출근했다 사라진 여공들이 더러 있었다. 여태껏 한국 자본이 그렇게 인식된다면 심각하다. 우리는 한국에 진출한 외국 자본을 '제국의 수탈자'로 보는 데에 익숙하다. 외국인들은 우리 기업을 어떻게 볼까? 어쨌든, 해외로 진출한 한국은 2만 불 시대를 열었는데, 이미지는 그렇게 됐고, 정작 한국의 노동자들은 감량 경영과 불안정한 취업에 떨었다.

이 오랜 과제가 2011년 12월 부산 한진중공업에서 다시 불거졌다. 6년간 수주실적 0이었던 기업은 최후의 방법인 정리해고를 택했다. 400명 해고자 명단이 통보됐고, 노동자들은 不可로 맞섰다. 20년 전 해고노동자 김진숙이 크레인에 올랐다. 되풀이되는 생존 법칙의 충돌이 결국 대량 해고로 봉합되고야 마는 대한민국의 현실이 막막했던 것이다. 2003년 같은 문제로 투신한 동료의 서러운 기억이 차가운 쇠붙이에 묻힌 곳이다.

독일과 스웨덴도 오래전 이런 질병을 앓았다. 기업과 노동자가 해결하기 어려운 벅찬 문제를 국가가 떠안았다. 기업과 노동조합은 상생 전략을 짜느라 머리를 맞댔는데, 국가가 해결사로 나섰다. 정치권은 범국가적 차원의 '유연안전망(flexicurity)'을 가설할 것을 국민에게 호소했다. 해고노동자에게 월급에 가까운 생계비와 재취업 훈련이 주어졌다. 독일의 연방고용청과 스웨덴의 노동시장국이 빈틈없이 노동자를 보살핀다. 무상급식, 반값 등록금에 헷갈리는 국민들이 모르는 게 있다. 일자리 지키고 노동역군을 보호하는 국가의 기본 업무 말이다.

1990년 골리앗 크레인 시위, 10여 대의 헬기와 진압대 수천 명이 동원된 '미포만 작전'은 老母의 한마디만도 못했다. "야야, 니 거기서 모하노! 애운다 빨리 내려오이라!" 70명 노동자가 두말없이 내려왔다. IT 한국, 조선

강국 한국이 김진숙을 내려오게 할 방법은 하나뿐이다. 작고한 그녀의 老父가 환생해 이 말을 하는 것. "복직했냐, 은제 하냐? 그라믄 복직 몬 한다!" 가난에 단련된 老母와 老父의 잠긴 목소리로 이 구조적 문제를 풀어야 하는 한국은 아직 갈 길이 멀다. 용접공 김진숙, 한진중공업의 듬직한 배에 꽃다운 청춘을 용접한 김진숙에게 네 번째 계절인 가을이 저 멀리 있었다.

그녀는 309일 만에 크레인에서 내려왔다. 국회는 이 문제를 본격적으로 다루었고, 한진중공업은 정리해고된 노동자의 일부 복직을 약속했다.

양극단 사이에서

▶▶ 경제 민주화라는 외침

현대차가 설립한 미국 앨라배마 공장에서 최근 숙련공 서른 명 모집 광고에 1만 명이 몰렸다. 소나타, 엘란트라가 생산되는 공장이다. 조지아에는 기아차가 쏘렌토와 싼타페를 생산하고 있다. 경제대국 미국의 현실이 그렇다. 일자리를 잃으면 모든 것을 잃는다. 일자리가 없으면 복지도 없다. 1980년대 말, 미국 자동차산업의 메카인 디트로이트에서는 미국 노동자들이 닛산 자동차를 몽둥이로 부쉈다. 일자리를 잃은 데 대한 화풀이였지만, 자신들의 자존심을 부순 것이나 마찬가지였다. 결국 2009년 금융위기 때 크라이슬러와 GM이 파산 직전까지 몰렸다. 현대기아차가 미국 노동자들의 화풀이 표적이 될 날도 멀지 않았다. 삼성전자는 대규모 반도체 공장을 중국에 건설하고 있다. 거대한 중국 시장을 겨냥한 장기 포석인데, 삼성전자와 가전제품의 80퍼센트가 해외에서 생산되고 있다. 일자리가 빠르게 해외로 이전되고 있다. 이것이 한국의 현실이다. 거기에 세계화의 충격은 가히 가공할 만하다. 앞에서 살펴보았듯이 유럽발 금융위기가 여전히 검은 연기를 피우고 있는데, 한국은 무역의존도가 높아 금융위기의 충격과 세계시장의 침체가 그대로 국내로 침투한다. 경제구조가 그렇게 만들어졌다. 부정할 수 없는 우리의 현실이다.

그렇다고 시장개방을 피할 수 없다. 자본이 임금 비용과 물류비용이 싼 해외로 빠져나가는데 막을 방법이 없다. 지난 20년간, 노사협약에 묶여 있던 독일과 스웨덴의 자본이 스페인과 아일랜드로 대거 빠져나갔지만 독일, 스웨덴 국민들은 방관할 수밖에 다른 도리가 없었다. 사회적 연대와 애국심에 호소해봐야 아무런 소용이 없었다. 스웨덴의 상징이었던 볼보는 급기야 미국 포드 사에 매각됐고 최근 중국으로 넘어갔다. 영국의 기간산업인 전력, 철도, 수도 부문에는 일찍부터 프랑스와 독일 자본이 진출해 영국민들의 생활에 깊숙이 침투했다. 우리도 시장개방과 자본이동을 어찌할 수 없다면 양극화는 더욱 심화되고 소득격차는 더욱 벌어질 것이다. 지난 20년간 한국사회가 겪어온 바다. 재벌과 대기업에 대한 사회적 비난은 바로 여기에서 비롯됐다. 세계무대에서 잘하는 것은 환영할 일이나, 국내에서 비정하고 냉정한 강자로 군림하는 것은 사회정의에 어긋나며, 세계화의 충격을 완화하는 완충기 역할을 아예 방기하고 독점 이익 챙기기에 바쁘다는 것이 비난의 골자다.

2009~10년 금융위기로 중소기업들이 대거 도산할 지경이었을 때 당시 30대 재벌그룹의 현금 보유액은 60조 원에 달했다. 비상사태를 대비해 실탄을 쌓아둔 것이다. 해외시장에서 재벌기업이 잘나가도 혜택은 그룹 계열사에 국한될 뿐 하도급 기업에까지 흘러가진 않는다. 2011년 5대 그룹 물류를 분석해보면, 내부거래 비중은 76.3퍼센트를 기록해, 매출 21조 원 가운데 16조 원을 차지했다.[11] 공정거래위원회가 과징금과 벌금을 부과해도 이런 관행은 바뀌지 않는다. 국회에서 여러 가지 규제 조치를 입안해도 독점 이익과 생존을 향한 재벌의 질주는 계속됐다. '경제 민주화' 외침이 터져 나온 배경이다. 재벌의 저격수로 알려진 민주통합당 박영선 의원은 "재벌과의 타협은 성공한 적이 없다"고 잘라 말한다. 박영선 의원은 경제 민주화 투사를 자임해서 재벌 개혁 밑그림을 그렸는데 지배구조 개혁으로부터 중소기업 불공정 거래 금지에 이르기까지 50여 가지 규제 조항을 열거하고 있다. 이번 기회에 아예 "강력 규제"를 성사시키겠다고 벼르고 있다.

장하준 교수는 최근 저서에서 '재벌과의 타협'을 답으로 내놓았다.[12] 대자본의 횡포를 인정하면서도 일방적 몰아붙이기는 현명한 해결책이 아니라고 못 박았다. 오히려 재벌을 개혁의 당사자로 끌어

---

11) 한겨레신문 2012년 6월 5일자.
12) 장하준, 《무엇을 선택할 것인가: 장하준 정승일 이종태의 쾌도난마 한국 경제》, 부키, 2012.

들여 '복지국가 구축, 증세, 생산 시설의 해외이전 제한, R&D 투자 확대'에 적극 협조하도록 압력을 가하는 게 더 효과적이라는 것이다.

경제 민주화, 2012년 대선정국 태풍의 핵이다. 보수와 진보가 대권 장악의 가장 중대한 슬로건으로 설정한 경제 민주화는 결국 '재벌을 어떻게 규제할 것인가'로 집약된다. 재벌 규제? 통합진보당은 아예 규제가 아니라 해체를 들고 나왔다. 심지어는 '삼성공화국 해체'라는 과격한 현수막도 내걸었다. 민주통합당의 재벌개혁안도 그에 못지않다. 정당의 총선 공약을 검토해보면, 새누리당은 '온건 개혁', 민주통합당은 '강력 규제', 통합진보당은 '해체'다. 경제 민주화를 '거대 자본의 과잉권력 통제' 또는 '파행적 시장지배 금지'로 정의하면, 세 가지 답안이 격돌하는 중이다. 무엇이 옳은가? 무엇이 한국의 고질병인 양극화를 타개하는 데에 적합한가? 재벌 해체를 주장하는 사람들도 강력 규제 내지 해체가 한국의 성장 엔진을 정지시킬 위험을 완전히 배제하지 못한다. 벼룩 잡으려다 초가삼간 태우는 격인데, 이렇게 되면 애국이 아니라 매국이다. 그렇다면, 규제는 어느 정도가 적합한가? 규제 조항을 신설하면 독점으로 인한 재벌의 파행이 개선될까? 역으로 독점적 지위가 억제된다면 세계화의 충격은 완화될까, 아니면 오히려 증폭될까? 쉽지 않은 문제다.

▶▶개혁과 해체 사이

재벌은 좌불안석이다. 정권교체기마다 재벌이 도마에 오르긴 했지만, 요즘처럼 보수당까지도 재벌개혁 기치를 높게 올린 적은 별로 없었기 때문이다. 전경련 산하 연구소인 한국경제연구원은 2012년 6월 초 세미나를 개최해 경제 민주화를 규정한 헌법 119조 2항을 폐기해야 한다고 주장한 바 있다. 헌법 119조는 명백히 경제 민주화 조항이다. 다음과 같다.

1조: 대한민국의 경제질서는 개인과 기업의 경제상의 자유와 창의를 존중함을 기본으로 한다.
2조: 국가는 균형 있는 국민경제의 성장 및 안정과 적정한 소득의 분배를 유지하고, 시장의 지배와 경제력의 남용을 방지하며, 경제주체 간의 조화를 통한 경제의 민주화를 위하여 경제에 관한 규제와 조정을 할 수 있다.

국가는 자유와 창의를 전제로 소득을 분배하고 경제력 남용을 방지하기 위해 시장에 개입해야 한다는 뜻이다. 정확히 재벌 문제에 들어맞는다. 대한상공회의소 역시 사회적 공감대가 확산되는 것에 우려를 표명했다. "정치권이 주장하는 '경제 민주화'는 자칫 기업의 경영활동을 옥죄는 부작용을 가져올 수 있다. 경제력 집중 문제를 해결하려면 법과 제도보다 기업이 윤리의식을 갖고 상식적인 경영을 하도록 유도해야 한다"는 것이 대한상의의 공식 입장이다. 그리고 경제 민주화 개념의 모호성, 기업의 투자 위축 개연성, 오히려 대기업과 거래하는 중소·중견 기업이 힘들어질 위험성을 이러한 주장의 이유로 들었다. 세계의 경제위기가 심화되는 가운데 그럴 개연성이 높아진 것도 사실일 터다. 그러나 정치권은 어떤 형태로든 결실을 봐야 일단 올린 깃발을 거둔다. 더군다나 대선정국 아닌가.

재벌개혁, 하기는 해야 하는데 어디까지 해야 하는가? 해체(통합진보당)는 너무 나갔고, '강력 규제'(민주통합당)는 자칫 성장 엔진을 손상할 위험이 크고, '온건 개혁'(새누리당)은 미적지근해서 재벌에게 다시 면죄부를 부여할 개연성이 큰 듯하여 시민들은 헷갈린다. 딜레마다. 해외여행을 해본 시민들은 외국 공항과 번화가에서 한국 기업의 광고와 네온사인이 작열하는 것을 보고 흐뭇해한 경험이 있을 것이다. 순환출자를 금지해서 소유 지분을 쪼개면 애플, 마이크로소프트와 대결할 수 있을까? 재벌의 폐단이 큰 만큼 경제성장에 기여한 공적도 만만치 않은데 무엇이 정답인가?

재벌로서도 할 말이 없는 것은 아니다. 정권교체기미디 다른 잣대를 적용해서 방향을 이리저리 틀어온 게 작금의 현실이거늘, 이제 경제 민주화를 저해한 주범으로 몰리니 억울한 것이다. 순환출자는 1999년 상호출자를 금지하는 대신 정부가 장려한 정책이었다. 그런데 이제 그것이 문제라고 하면 재벌의 지배구조로는 무엇이 적합한가? 되묻고 싶은 심정일 것이다. 사정이 그러해도 앞에서 지적된 오랜 쟁점은 여전히 풀리지 않은 채 남아 있고, 그것을 해소하지 않으면 정권교체기마다 반복해서 문제가 터져 나오기 십상이다. 재벌은 경제성장의 견인차 역할을 하면서 민주적 지배 원리에 맞도록 진화해야 한다. 그게 정답인데, 문제를 풀기는 어렵다.

총수 일가가 과잉권력을 행사하고, 재벌이 자주 법과 상식을 깨뜨리는 행동을 자행할 뿐 아니라, 양극화 해소라는 공동체의 관심사보다 기업 생존과 경쟁력 제고에 매진하는 것을 제어하고 통제할 방법이 사실은 마땅치 않다. 또 이 때문에 경제 민주화가 대두되었다는 사실은 부정할 수 없다. 국가 주도 자본주의 시대에는 국가가 재벌을 통제했다. 그 가운데 정경유착이라는 불명예스런 관행이 널리 퍼지기도 했지만 어쨌든 정권 실세들이 재벌을 통제하던 시대가 있었다. 그런데 민간 경제 체제로 넘어오면서, 특히 세계화라는 시장경쟁 시대가 도래하면서 재벌은 국가의 통제를 벗어났고, 재벌의 힘에 맞설 시민사회의 견제력은 약화됐다. 노동조합과 시민단체가 재벌에 대한 '견제와 균형(check and balance)'을 행사하는 두 주체이다. 앞의 헌법 119조 2항에서 "경제주체들 간의 조화를 통한 경제의 민주화"라는 구절은 이를 의미한다. 기업 내부에서는 노동조합, 외부에서는 시민단체가 견제 역할을 담당한다. 그러나 노동조합은 정치세력화에 매진한 이후 이런 역할을 방기했고, 시민사회에 깊게 뿌리 내리지 못한 시민운동이 급기야 명망가 중심으로 위축되자 '견제와 균형'을 실행할 힘을 잃었다. 결국 표를 의식한 정치권이 나서게 된다.

▶▶성장의 방파제

필자의 견해는 이렇다. 논란의 초점이 '재벌 해체인가, 규제인가?'로 집약되면 결국 보수와 진보 간의 이념투쟁으로 흐르기 쉽다. 정권 교체기마다 터져 나온 재벌개혁 논쟁이 그랬다. 이제는 '기업의 경쟁력을 유지하면서 어떻게 세계화로 인한 충격의 완충기 역할을 담당하도록 할 것인가'로 뜻을 모아야 한다.

재벌 그룹이 국민총생산에서 차지하는 비중은 거의 절대적이다. 2010년, 8대 그룹은 GDP의 60퍼센트, 4대 그룹은 GDP의 50퍼센트를 생산했다. 이런 거대한 경제력에서 뿜어 나오는 과잉권력을 우려할 만하다. 경쟁력이 있기 때문이다. 그런데 재벌과 대기업이 시장에서 경쟁력을 유지하지 못하면 어떤 사회적 책임도 요구하기가 어려워진다는 것이 문제다. 생존에 급급해지기 때문이다.

'국가와 노동의 자본 종속성'은 어제 오늘의 일이 아니라 독점자본주의 또는 금융자본주의 시대에 피할 수 없는 운명이 되었다. 그것을 일단 인정하자. 그러고 나서, 두 가지 역할을 주문하거나 강제하는 것이 현명한 선택이다. 첫 번째는 세계무대에서 '글로벌 플레이어'로 쾌속 질주하고 세계화에 대한 '방화벽'을 만들라는 것(경쟁력 증진)이다. 세계화의 충격이 국내의 임금생활자들에게 고스란히 전가되지 않도록 여과 기제를 만들 힘은 재벌과 대기업에게 있다. 두 번째는 '자국의 임금생활자 보호에 적극 동참하는 복지 플레이어(welfare player)'로의 자율적 변신이 그것(사회적 책임)이다. 이러한 '자율적 변신'에는 어느 정도 강제력이 가해질 필요가 있으며, 무엇보다 주요 경제주체인 시민단체와 노동조합의 견제와 균형이 필요하다. 즉 기업 경쟁력 증진에 도움이 되도록 '규제와 유인(constraint and inducement)'을 조합하는 것이 경제 민주화의 목표이자 성공 여부를 결정하는 열쇠라는 말이다. 재벌은 유인책이 없는 일방적 규제를 거부할 것이다. 그렇게 되면 아무리 정교하게 만들어놓은 규제책이라도 실현 가능성이 적어지고, 적부성을 둘러싼 공방전이 한국사회를 다시 극심한 균열 상태로 몰아갈 것이다.

정치가 힘을 발휘할 지점이 바로 여기다. '경쟁력 증진'과 '사회적 책임'을 동시에 실현하는 큰 그림 속으로 재벌, 노동계, 시민사회를 끌어들여 연합 함대를 만드는 것, 여기에 정치의 역할이 있다. 큰 그림을 '경쟁력 있는 복지국가(competitive welfare state)'[13]라고 명명할 수 있겠는데, 일자리, 복지, 경쟁력 간의 선순환 구조를 만드는 것이 기본 원리이다. 고용이 복지수혜의 자격 요건인 한국에서는 일자리가 복지의 핵심이다. 대부분의 공공복지는 일자리를 전제로 제공되고 일자리를 통해서 구현된다. 따라서 복지의 핵심은 '좋은 일자리'이고, 그 일자리에 얼마나 안전하게 종사할 수 있는가, 즉 고용안정에 있다.

어느 국가나 노동 유연성을 높이려는 신자유주의 시대에 '일자리 보장(job security)'이 복지의 가장 중요한 수단이 되었다. 사회적 서비스는 그다음 문제다. '좋은 일자리'는 기업이 창출한다. 국가가 일자리를 만드는 데는 한계가 있으므로 기업이 좋은 일자리를 가능한 한 많이 창출하도록 독려와 지원을 아끼지 않아야 한다. 국가와 노동은 지원의 대가를 기업에 요구할 수 있다. 고용안정과 증세, 즉 사회적 책임을 수행하는 중요한 파트너 역할 말이다. 이것이 사회적 책임이다. 노동계 역시 생산성 향상에 기여해야 하는 사회적 책임을 떠맡는다. 생산성 향상을 전제로 하지 않고는 기업 경쟁력은 생각할 수 없으므로 노사간 '주고받는 협력정치(give-and-

---

13) '경쟁적 복지국가'라고 해도 좋겠다.

take politics)'가 필수 요건이다. 민주화 이후 25년 동안 한국은 바로 이 '주고 받는 협력 정치' 구축에 실패했다. 대신 '책임 전가의 정치'가 난무했으며, 결과적으로 노동이든 자본이든 '독점 이익 챙기기' 투쟁으로 몰려갔다. 바로 이 영역에서 국가의 조정도 실패로 돌아갔다.

전 국민과 경제주체들을 이 큰 그림 속에 끌어들이는 것은 국가의 몫이다. 이 점은 다음 장에서 살펴볼 것이다. 경제 민주화는 이 큰 그림 속에 재벌을 끌어들이는 것, 재벌을 '경쟁적 복지국가'의 중요한 파트너로 설정하는 것이라고 좁혀 말한다면, 이는 재벌에게 대가를 요구하자는 장하준 교수의 제안과 궤를 같이한다고 볼 수 있겠다. 그러나 중대한 차이점이 있다. 재벌로 하여금 그룹사별로 '경쟁적 복지공동체'의 패턴 세터(pattern setter)가 되도록 하는 것이다. 그룹사가 한 단위가 되어 일자리 창출(고용), 복지, 생산성 향상(성장)을 동시에 꾀하는 독자 체제를 만드는 것인데, 이 경우 재벌기업의 노동자들은 이미 많은 혜택을 보장받고 있으므로 이들과 관련 하도급 협력기업의 비정규직 노동자들의 격차를 줄이는 데에 초점을 맞춰야 한다.

스웨덴에서 일찍이 실행한 바 있는 연대임금 정책(solidarity wage)이 이와 유사하다.[14] 노동조합 조직률이 90퍼센트에 이르는 스웨덴은 연대임금 정책을 전국적으로 시행할 수 있었지만, 겨우 9.8퍼센트에 불과한 한국에서는 재벌그룹사와 협력사를 기본 단위로 시행해

---

14) 연대임금 정책은 다음 장에서 상세히 설명한다.

야 실현 가능성이 높을 것이다. 재벌그룹 회사와 하도급 협력회사를 단위로 하는 '경쟁적 복지공동체'[15]는 노사 쌍방의 양보와 비정규직에 대한 각별한 배려가 반드시 수반되어야 한다. 지난 25년처럼, 노동조합이 독점 이익을 추구하여 단체교섭에서 협력사 비정규직을 철저히 배제한다거나, 자본이 정리해고 자제를 위한 '일자리 나누기(job sharing)' 같은 창의적인 방법에 비용을 부담하길 꺼린다면 어떤 진취적 정책 제안들도 무용지물이 된다. 재벌의 노사가 이익금과 월급의 일정 비율을 할애하여 협력사 비정규직을 위한 공동기금(public fund)을 마련하는 것도 좋은 방법이다. 동반성장위원회가 제안한 '초과이익공유제'까지는 아니더라도 재벌그룹 회사의 노사가 협력 회사 노동자들을 위한 기금을 창설하고 운영할 수는 있다.[16] 사회적 연대와 평등을 위한 개혁에는 비용 부담이 따르는 법이다.

새누리당과 민주통합당이 내놓은 재벌규제안은 대단히 강력하고 가짓수가 많다. 순환출자 금지와 지배구조 개혁, 출총제 강화, 총수 일가의 범법 행위 처벌 강화 등에서 하도급 협력업체 착취와 불공정 거래 금지에 이르기까지 수십 개가 넘는데, 정당하고 합당한 규제라 할지라도 모두 적용한다고 가정하면 아마 재벌그룹의 경쟁력은 점진적으로 하락할 수밖에 없을 것이다. 더욱이 세계 경제의 위기가 장기화되리라는 점을 감안하면, 재벌개혁은 (1) 정책 우선순위를 두고, (2) 장기 목표를 설정해 단계를 밟아나가고, (3) 자

---

15) 재벌 그룹사와 하도급 기업을 한데 묶어 결성하는 하위 단위의 복지체제를 이렇게 부를 수 있겠다.
16) 스웨덴에서 이런 기금이 제안되어 실행된 바 있다. 임금생활자 기금(wage earners fund)이라 불린다.

본 저항과 이탈이 일어나지 않도록 '규제와 유인책'을 동시에 제시하는 것이 중요하다. 유인책 없는 규제는 자본이탈을 낳는다. 해외 투자가 더 매력적이라면 그것을 마다할 자본이 있겠는가. 그러므로 재벌그룹 회사와 협력회사를 단위로 한 '경쟁적 복지공동체'를 구축하는 것을 목표로 점진적으로 제도 환경을 조성해나가는 것이 현명한 방법이다. 경제 민주화는 그런 가운데 한 단계씩 전진할 것으로 보인다. 아무튼 재벌과 대기업으로 하여금 세계시장에서 경쟁력을 높이고 세계화로 인한 충격의 완충기 역할을 하도록 하는 것 그리고 자사를 포함해 하도급 협력사의 비정규직을 보호하도록 사회적 책임 수행의 법적, 도덕적 규제를 합의해 내는 것이 경제 민주화의 초점이다. 이는 일자리 창출과 보호라는 복지의 핵심 요건과 직결되는 사안이다.

▶▶문제는 일자리 정치!

사회 민주화는 '시급하고' 경제 민주화는 '필요하다'. 경제 민주화의 목표는 세계화로 인해 점점 더 심화되는 양극화 경향을 제어하는 것이고 사회 민주화의 목표는 양극화에 의한 분배구조의 악화를 개선하는 것이다. 한국은 사회 민주화라는 시대적 과제를 미뤄왔다. 노무현, 이명박 정권이 사회 민주화의 단계를 한 차원 높이는 데에 큰 성과를 내지 못한 것이다. 사회 민주화가 어느 정도 결실을 봐야 본격적인 경제 민주화로 나아갈 여력이 생긴다. 스웨덴의 임금생활자기금처럼, 노사가 공공기금을 조성해서 생산성 향상과 공익을 위해 사용하는 것이 경제 민주화의 좋은 사례라고 한다면, 이는 거대 자본의 과잉권력을 통제해야만 이룰 수 있는 목표다. '경제주체 간의 조화'란 '견제와 균형'이 작동하지 않으면 불가능하다. 법으로 강제한다고 될 일이 아니다.

한국의 개혁 담론은 정치권에서 어떻게 밀어붙일 것인가에 국한되어 있다. 이 때문에 언제나 정책 논쟁이 진영논리로 환원되고 만다. 그런데 중요한 게 빠졌다. 사회 민주화와 경제 민주화가 연결되는 접점인 '일자리 정치(politics of jobs)'말이다. 사회 민주화와 경제 민주화, 복지와 재벌개혁은 '일자리 정치'를 통해 동시에 구현할 수 있다. 일자리 정치를 도외시하고는 슬기롭고 지혜로운 개혁을 상상할 수 없다. 충돌만 생길 뿐이다. 유럽과 비교하여 한국이 잊어버리고 있는 것이 일자리 정치다. 우리가 지향할 개혁의 초점 '일자리 정치', 이것에 돌입하기 전에 '복지'와 '경제 민주화'의 상호관계를 먼저 검토하자.

05

지금 우리에게
필요한 것은
무엇인가?

05

우리가 직면한 두 가지 난제 | 잘나가는 스웨덴엔 이것이 있었다
한국의 김철수 부장 vs 핀란드의 페우란헤이모 이사 | 우리가 몰랐던 복지의 진실
대한민국 국민 절반에겐 없는 것 | 경계하라! 곧 닥칠 대박세일을
마이클 샌델, 그의 인기 비결 | 상식이 통하지 않는 이유
얽힌 실타래를 풀어드립니다?

우리가
직면한 두 가지 난제

　이명박 정부는 '프로젝트 정부'였다. 필자가 2011년 2월 청와대에서 정권 생일날 역설했듯이 이명박 정부가 해야 할 일이 있었다. 앞에서 언급했듯이, '사회 민주화(social democratization)'이다. '정치 민주화'가 어느 정도 추진된 상태에서 대두되는 다음 단계의 과제가 바로 사회 민주화다. 민주화는 세 단계를 거친다. 정치 민주화, 사회 민주화, 경제 민주화. 정치 민주화의 핵심은 정치 영역에서 '경쟁과 참여' 촉진이고, 사회 민주화의 핵심은 '기회균등'의 촉진과 '소득 불평등' 축소이며, 경제 민주화의 핵심은 '거대 자본의 과잉권력 통제' 또는 '파행적 시장지배 금지'이다. 민주주의로 이행한 국가들은 이 세 단계를 차근차근 밟아나간다. 한국 역시 마찬가지다. 김영삼 정부와 김대중 정부 시절에 정치 민주화를 어느 정도 다졌다고 보면(1993~2002년), 노무현 정부와 이명박 정부의 과제는 사회 민주화라고 볼 수 있겠다(2003~12년). 사회 민주화를 어느 정도 이루었다면 2012년 대선정국에서 복지와 경제 민주화가 최대 쟁점으로 떠오르지는 않았을 것이다. 그러나 '비주류의 주류화'를 겨냥했던 노무현 정부는 과격한 '말의 정치' 때문에 좌절했고 이명박 정부에서는 그토록 중대한 과제가 '무(無)정치' 속으로 증발했다. 그래서 사회 민주화와 경제 민주화가 한꺼번에 떠오른 것이다.

　민주주의가 가장 발전한 나라로 꼽히는 스칸디나비아의 사회민주주의 국가들은 1960년대부터 '생산과 소비의 사회적 통제(social control of production and consumption)'를 목표로 삼았다. 사회 민주화(소비)와 경제 민주화(생산)를 동시에 겨냥한 목표였는데, 사실은 70년대 말까지는 각종 복지제도를 도입하고 확대하면서 '사회 민주화'에 주력했고, 소득과 소비의 불평등을 어느 정도 극복한 1980년대 초반 이후에는 '경제 민주화'로 돌입했다.

스웨덴의 복지 모델은 전 세계에서 주목할 만큼 매력적이었다. 이를 바탕으로 스웨덴은 경제 민주화의 깃발을 올렸다. 하지만 쉽지 않았다. 마침 80년대 초반부터 전 세계에 거세게 불어닥친 시장개방 압력과 신자유주의 추세 때문에 경제 민주화 노력은 번번이 좌절되었다. 자본이 정치적 타협을 거부하면 경제 민주화는 불가능하기 때문인데, 시장개방으로 인해 거대 자본에게는 해외 탈주라는 통로가 열렸다. 스웨덴은 한국보다 대자본의 독점력이 높은 나라인데, 1980년대 초반부터 값싼 임금을 찾아 기업의 해외 탈출이 시작되었다. 정치적 타협을 해야 할 파트너가 사라진 것이다.

스웨덴의 경우 경제 민주화의 대표적 사례가 '임금생활자 기금(wage earners' fund)'이다. 임금생활자 기금이란 일종의 '이익공유제' 같은 것으로 정운찬 동반성장위원장이 말한 바와 유사하다. 스웨덴 노사정위원회는 1978년 경제 민주화라는 거창한 프로젝트를 출범시키면서 임금생활자 기금을 창안했다. 예를 들면, 기업주는 이익의 5퍼센트를, 노동자들은 월급의 2퍼센트를 떼어 중앙은행에 5년간 적립해서 공적 기금을 조성한다. 이 공적 기금에 '임금생활자 기금'이란 근사한 명칭을 붙였다. 5년 후에는 노사합의에 의해 이 기금의 용도를 결정한다. 임대 아파트, 퇴직연금, 특별 상여금, 연수원과 휴양시설 건립 등이 합의안으로 제시되었다. 임금생활자 기금은 스웨덴에서 가장 결속력이 강한 금속노조로부터 시작되었는데 1982년 돌연 중단되었다. 경기침체와 경쟁력 하락에 위기를 느낀 금속산업의 대자본들이 해외로 빠져나가기 시작했던 것이다.

경제 민주화, 즉 '자본에 대한 사회적 통제'는 생각만큼 쉽지 않고 자칫하면 경기침체를 초래할 수 있기에 신중을 기할 사안이다. 그래서 복지와 경제 민주화 요구가 한꺼번에 터져 나오는 우리의 상황을 조금은 근심스러운 시선으로 바라보게 된다. 복지와 경제 민주화가 경제대국이 된 한국의 시대적 과제거리는 점은 두말할 필요가 없으나, 무엇을 우선순위에 두는가, 어떻게 실행하는가에 따라 국운이 좌우될 것이기 때문이다. 이 두 가지 난제를 어떻게 볼 것인가?

잘나가는 스웨덴엔 이것이 있었다

'생산과 소비의 사회적 통제', 즉 사회 민주화와 경제 민주화는 연속될 뿐 아니라 서로 중첩된 과제다. 사회 민주화의 핵심 정책을 복지제도라고 한다면, 복지제도는 경제 민주화와 맞물려 있다. 경제 민주화를 전제하지 않고 사회 민주화는 어렵고, 사회 민주화가 안 된 상태에서 경제 민주화는 의미가 없다. 여기에서 재벌과 대기업은 일종의 전초기지다. 외부적으로는 경쟁력을 높여 방화벽을 쌓고, 내부적으로는 노사 타협과 복지를 통해 생산성 향상을 꾀하는 완충기 역할을 해야 한다. 사회 민주화와 경제 민주화가 해답인데, 여기에는 그런 역할을 촉진하는 제도가 필요하다. 다시 스웨덴의 사례로, 연대 임금 정책을 들 수 있다. 스웨덴을 일찌감치 복지국가의 선두로 나서게 한 임금 정책인데, '기업간 임금격차 해소' '산업 경쟁력 증진' '공공복지 증대'라는 세 마리 토끼를 한꺼번에 잡는 방식이다. 내용은 이렇다.

국내에 독점 기업, 중간 기업, 한계 기업이란 세 유형의 기업이 있다고 하자. 독점 기업은 경쟁력이 높고 지불능력이 높아 노동자들에게 고임금과 수준 높은 복지를 제공한다. 중간 기업은 그럭저럭 현상 유지를 해나가는 평균적 기업이고, 한계 기업은 경쟁력이 낮은 취약 기업이어서 저임금에 수준 낮은 복지를 제공할 수 있을 뿐이다. 한국이라면 한계 기업에 대한 각종 혜택과 지원을 제공해야 한다는 평등주의에 입각한 주장이 설득력을 가진다. 한계 기업을 살려야 저소득층이 살아난다고 보는 것이다. 하지만 이는 한계 기업의 자구 노력이 선행되지 않을 경우 시장경쟁 원리에 위배되고 밑 빠진 독에 물 붓기다. 한계 기업에 대한 공적 지원은 도덕적 해이를 촉발할 수 있다. 스웨덴의 해결 방식은 달랐다. 일단, 임금 가이드라인을 정해서 중간 기업의 임금을 살짝 상회하는 선을 권고했다. 이 권고는 노사정 합의안이기 때문에 법적 강제력은 없었지만 도덕적 강제력은 매우 강했다. 모두 준수해야 할 사회적 의무사항으로 받아들였던 것이다. 독점 기업은 임금의 일정 부분을 양보했고, 중간 기업은 약간의 임금인상을 감수했다. 반면 임금 가이드라인을 충족시키지 못하는 한계 기업은 정부가 파산을 유도했다. 독점 대기업과 중간 기업 간 임금격차는 줄어들었다. 소득 불평등이 대폭 축소된 것이다. 이른바 '연대임금'이란 이름이 붙여진 이유이다. 그렇다면 독점 기업의 노동자들은 임금을 양보하고도 만족했을까? 중간 기업은 높아진 임금 비용을 어떻게 감당했을까? 한계 기업은 어떻게 처리했을까? 정부의 사후조치는 이렇다.

- 독점 기업의 노동자들이 양보한 임금을 공적 기금으로 만들어 노동자 복지에 사용한다. 독점 기업은 노동자들의 임금 양보로 경쟁력이 더 높아졌다.
- 중간 기업에게는 지불능력을 높이기 위해 세금감면을 포함하여 정책 지원금, 이자율이 낮은 산업 자금, 각종 복지제도 등의 공적 지원을 제공한다. 고율의 조세 국가에서 세금감면은 매우 매력적인 유인책이다.
- 한계 기업은 도산을 유도한다. 한계 기업의 실직자들은 '노동시장정책'의 관리 대상인데, 1년 동안 재훈련과 재숙련 과정은 물론 재취업에 이르기까지 모든 과정을 국가가 관리한다. 재취업 기간 동안 실직 전 임금의 90퍼센트가 제공되고 재취업 기관이 타 지역에 있는 경우에는 이사 비용을 제공한다.

이것이 그 유명한 연대임금 정책의 골자다. 연대임금 정책은 스웨덴 복지국가의 엔진이었다. 노동자 간의 임금격차를 줄이고, 산업 경쟁력을 높이고, 동시에 공공복지를 늘렸다. 이 경우 공공복지는 자본과 노동 간의 타협을 종용하는 촉매제 역할을 한다. 이런 의미에서 복지(welfare)를 사회적 임금(social wage)이라고도 하는데, 사회적 임금은 경제성장의 발목을 잡는 '인플레이션과 실업률'의 딜레마를 푸는 해결사였다. 경제학에서 '역 U자 곡선'으로 불리는 딜레마 말이다. 경제성장을 이루려면 대규모 자본투자가 필요한데 자본투자는 중단기적으로 인플레이션을 유발한다. 고율의 인플레이션은 기업의 지불능력을 저하시키고, 이는 기업으로 하여금 구조조정과 해고(downsizing)에 나서도록 만든다. 경제성장을 지속하면서 인플레이션을 낮추는 것이 최고의 실업정책이라면, 사회적 임금의 공여가 해답이었다. 사회민주주의 국가에서 최고의 목표는 언제나 '완전고용(full employment)'이었다. 일자리를 지키는 것이 가장 중요했다. 자본주의에서는 달성할 수 없는 이 난제를 사민주의는 사회적 임금(복지)으로 풀었다. 그래서 복지는 '일자리 지키기', 다른 말로 '완전고용'과 동의어다.

복지는 그냥 국민들이 의당히 받아야 할 권리라는 뜻의 '무상복지'로 통용되는 한국과 다른 점이다. 기업과 노동에 역할을 부여해야 한다. 경쟁력 강화, 노동자의 취업과 인간다운 삶의 보장, 그리고 노동자의 헌신을 연결하는 것이 바로 복지다. 이를 국가가 기획한다. 한국의 복지 담론과 경제 민주화 담론에서 빠진 것이 바로 '복지=기업 경쟁력 강화=일자리 지키기'라는 등식이다. 국가가 일자리를 만드는 데에는 한계가 있다. 자본주의에서 일자리 창출의 주역은 기업인데, 기업 경쟁력을 높여야만 좋은 일자리를 대량으로 창출할 수 있다. 임금 양보는 자본가에게는 경쟁력을 높이는 데 있어서 좋은 인센티브였다. 노동자들은 임금을 양보한 대가로 완전고용을 요구했고, 국가는 각종 기업 혜택과 사회적 임금을 제공했다. 복지 재정은 자본이 스스로 선택한 고율의 법인세와 영업세, 그리고 국민들의 혈세로 충당했다. 노사정이 하나의 목표를 매개로 세계무대에 연합함대로 나서는 것이다. 다시 말하건대, 복지는 지속가능한 경제성장의 엔진이다. 이런 전제가 없는 '무상복지'는 한국을 아르헨티나로 만들 수도 있는 위험한 발상이다.

'복지=일자리'를 복지방정식이라고 한다면, 1차적으로 사회 민주화, 2차적으로 경제 민주화의 단계별 개혁 조치들로 나아갈 수 있다. 기회균등, 차별 제거, 소득 불평등 축소를 위한 각종 제도를 복지국가라는 큰 틀에 묶어야 하고 국민들이 여기에 동의해야 한다(사회 민주화). 복지 재정의 큰 몫을 담당하는 자본의 동의는 필수이다. 스웨덴의 자본가라고 해서 한국의 자본가와 본질적으로 다를 리 없다. 세계의 자본가들은 이익 극대화를 추구하는 공통점이 있다. 다만, 스웨덴의 자본가들은 '국민적 합의'에 복종할 수밖에 없었는데, 기업 경쟁력 강화에 도움이 되었기 때문이다. 그래서 '생산의 사회적 통제'를 수용했고, 고율의 세금을 납부했으며, 종업원들의 일자리를 지켰다(경제 민주화). 자본가들은 고율의 세금을 납부하고 노동자 복지에 거금을 투여할 때 항상 '노동자들은 생산성 향상에 힘쓴다'는 단서 조항을 달았다. 노사정의 연합함대, 80년대 이후 신자유주의 시대로 진입하면서 이런 상황이 조금 어려워지긴 했지만 복지방정식은 그대로 유지하고 있다.

이런 의미에서 사회 민주화와 경제 민주화는 연속될 뿐 아니라 중첩돼 있는 과제다. 기회균등과 불평등 축소는 복지제도를 통해 이뤄지고, 복지제도는 경제 민주화의 여러 개혁 조치들을 통해 작동한다. 복지와 경제 민주화가 연결되려면, 무엇보다 자본과 노동의 타협, 국가와 시민사회의 합의가 필요하다. '복지=기업 경쟁력 강화=일자리 지키기'라는 등식을 믿고 함께 노력해야 한다. 북유럽 사민주의 체제에서는 이런 과제를 달성했다. 이것이 어려운 상황에서도 국가경쟁력을 유지해온 비결이었다. 그런데 한국에서는 어렵다. 모두 제각각이기 때문이다. 모두 각자의 권리 지키기에 단호하고, 각자의 입장을 외치기에 급급하다.

한국의 김철수 부장 vs 핀란드의 페우란헤이모 이사

복지는 구체적으로 현실 생활에 어떤 영향을 미칠까? 복지 수준이 낮은 국가 한국과 복지 수준이 높은 국가 핀란드를 비교하면 복지의 의미를 헤아릴 수 있다. 조선일보에 재미있는 기사가 났다.[17] 한국의 대기업 중견사원 김씨(42세)와 핀란드 중소기업 임원인 페우란헤이모 씨(51세)의 월급을 비교한 것이다. 김씨는 자녀를 셋 두었고, 페우란헤이모 씨는 둘 두었다. 페우란헤이모 씨가 김씨보다 열 살 연상인 만큼 월 수입도 상대적으로 많다. 1인당 국민소득 2만 불(한국)과 5만 불(핀란드)이어서 이것 역시 소득 차이를 낳는다. 아무튼 세전 월 급여는 김씨가 514만 원, 페우란헤이모 씨가 853만 원인데, 기타 수입을 합하면(김씨는 연말 상여금, 페우란헤이모 씨는 자녀 육아수당) 김씨는 629만 원, 페우란헤이모 씨는 886만 원이다. 문제는 세금이다. 김씨는 소득세 및 복지비로 134만 원(급여의 26퍼센트)을 납부하고, 페우란헤이모 씨는 무려 357만 원(급여의 42퍼센트)을 납부한다. 그 결과 한달 총수입은 김씨가 495만 원, 페우란헤이모 씨가 528만 원으로 각각 줄어든다. 실제 가처분소득은 비슷해지는 것이다.

세율 26퍼센트와 42퍼센트의 차이는 국가의 품격에 결정적인 영향을 미쳤다. 복지 수준이 높은 나라 핀란드와 복지 수준이 낮은 나라 한국으로. 이렇게 해서 가처분소득이 비슷해져도 김씨가 실제로 쓸 수 있는 돈은 별로 없다. 주택비, 교육비, 의료비, 부모 부양비, 보험료 등 준조세에 해당하는 비용으로 거의 200만 원을 지출해야 하기 때문이다. 이에 반해 페우란헤이모 씨는 자녀 교육과 부모 봉양에 별로 신경 쓸 필요가 없다. 국가에서 다 해주기 때문이다. 다만 주택비와 자동차 유지비가 든다. 혹시 주택담보대출금을 다 갚았다면 페우란 헤이모 씨는 자신과 가족을 위해 쓸 수 있는 돈이 넉넉해진다.

17) 김민철 외 특별취재반, 〈복지 100년 대계, 오늘 잘못 선택하면 100년을 망친다〉, 조선일보 2011년 3월 10일자.

아무튼 김씨는 주거 및 생활비로 22만 원을 지출해서 매달 60만 원 적자, 페우란헤이모 씨는 32만원 흑자를 기록했다. 이렇게 보면, 한국의 김씨는 200만 원에 달하는 준조세를 개인이 지출하는 구조인데(급여의 30퍼센트), 26퍼센트의 세금과 합하면 이는 핀란드의 페우란헤이모 씨가 지불하는 42퍼센트 세금을 훨씬 상회한다(56퍼센트). 핀란드인들은 42퍼센트의 세금으로 괜찮은 복지국가를 건설했고, 한국인들은 56퍼센트의 세금(세금+준조세)을 내고도 매일 걱정 속에 산다. 어딘가 문제가 있다는 생각이 들 것이다. 뭐가 문제일까?

페우란헤이모 씨는 소위 사회보장세(social security tax) 42퍼센트를 납부하고 국가에서 제공하는 모든 공공복지를 향유한다. 자녀 양육과 교육을 위시해서 주거복지와 노후 보장, 4대 보험(연금, 고용, 산재, 의료)을 모두 수혜한다. 사회보장세는 소득 수준에 관계없이 정률제(flat rate)로 부과된다. 월 1000만 원 소득자는 420만 원, 500만 원 소득자는 220만 원을 내고, 동일한 혜택을 누리는 것이다. 기업은 산업, 지역, 매출액에 따라 세율이 다르지만 대체로 법인세와 영업세를 합해 40~60퍼센트의 세금을 납부한다. 이것이 복지 재정이다. 그런데 바로 이 '정률 세금'과 '동일 혜택'이라는 제도적 설계가 소득 불평등과 소비력 격차를 현격하게 줄이는 복지국가의 마력이다. 여기에는 '기회균등'도 포함된다. 자녀 양육과 교육에 별도의 돈이 들지 않기 때문에 가족 경제력의 편차가 개인의 성패에 크게 영향을 미치지 않는다. 단지 개인의 재능과 노력의 문제일 뿐이다. 개인의 천부적 능력까지는 어찌할 수 없다. 그런데 한국의 경우 교육, 양육, 의료, 부모 부양, 주택 등을 모두 개인이 책임져야 한다. 가족 경제력의 차이가 생활수준의 편차로 고스란히 재현되고 자녀들의 계층을 결정한다. 태어날 때 얻은 생득적 지위(ascribed status)가 성취 지위(achieved status)로 그대로 연결되는 것이다. 그런 까닭에 복지제도를 '계층화의 새로운 체계'라고 부른다.

    핀란드 역시 한국만큼 경쟁적인 사회이다. 대학입학은 본고사로 결정하는데 일류대학에 입학하려면 성적이 최상위권을 유지해야 한다. 핀란드 고등학생은 45퍼센트가 직업학교에, 55퍼센트가 인문계 학교에 진학한다. 기회균등이 실현되는 나라에서 구태여 대학 진학을 고집할 필요는 없기 때문이다. 직업학교에 가도 '삶의 질'은 보장된다. 전문직업학교에서는 바로 현장에 투입할 수 있는 기술자를 길러내고, 경쟁이 심한 대학 교육은 우수한 인적 자원을 시의적절하게 배출해서 노키아 같은 세계적인 IT 기업을 탄생시켰다. 소위 SKY 대학 입학생들의 가정 배경이 점차 중상위 소득계층에 집중되고 있는 한국과 사뭇 사정이 다르다. 복지국가는 '기회균등'과 '소득 평등'을 촉진하는 사회 민주화의 핵심 기제이다.

우리가 몰랐던 복지의 진실

    복지는 사회적 권리다. 누구나 태어나면 당연히 누릴 혜택에 해당한다. 주권이 시민권(civic right), 정치권(political right), 사회권(social right)으로 발전해왔다면, 사회권의 핵심이 복지다. 그런데 복지제도는 워낙 다양해서 전문가가 아니라면 어떤 복지 프로그램이 어디에 해당하는가를 분간하기 어렵다. 정치인들도 마찬가지다. 그냥 복지를 늘리면 지지율을 높일 수 있다는 생각에만 사로잡혀 있다. 이런 점에서 복지의 구성을 우선 확인해두자.

세계 여러 나라에서 시행하는 복지제도는 세 가지로 구성되어 있다. 빈곤 정책, 사회 서비스, 사회보험. 빈곤 정책(poverty policy)은 자유주의국가들이 맨 처음으로 또한 가장 중점적으로 시행해온 제도이다. 절대빈곤과 상대빈곤을 해소하기 위한 국가의 시혜다. 한국에서는 절대빈곤층을 150만 명으로 잡고 이들이 기본 생계를 유지할 수 있도록 각종 지원을 제공하고(기초생활보장법), 상대적 빈곤층인 차상위 계층에 대해서도 이와 유사한 수준의 복지 혜택을 제공한다. 그러나 자산 조사(means test)를 원칙으로 하기 때문에 약간의 재산이 있거나 자녀가 얼마간 소득을 올리는 상대적 빈곤층의 경우 자격심사가 까다롭다. 이 때문에 상대적 빈곤층에서 복지 사각지대가 나타난다.

그다음이 사회 서비스(social service)다. 이것은 인구집단별로 발생하는 다양한 복지 수요에 대응하기 위한 프로그램들이다. 인구집단별 수요에 맞추는 것이기에 '선별적 복지(selective welfare)'로 불리는데, 새누리당이 내놓은 '맞춤형 복지'가 바로 여기에 해당한다.[18] 민주통합당이 주력하는 정책들, 예를 들면, 초중등학교 아동과 청소년

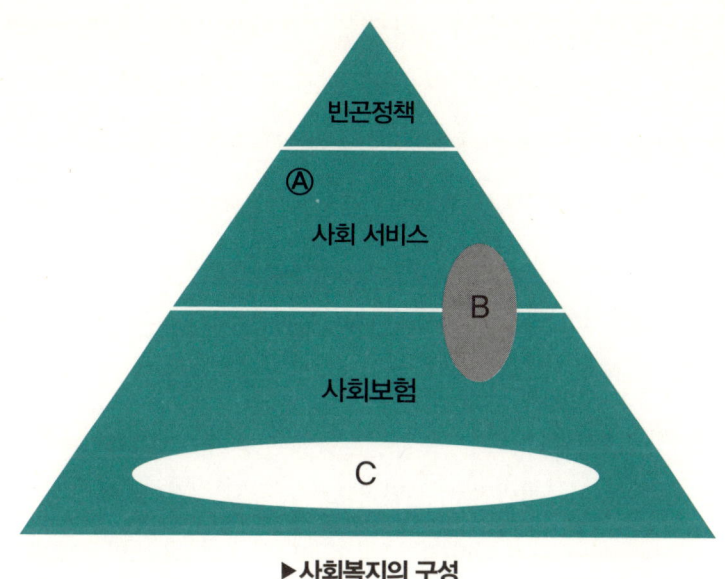

▶사회복지의 구성

을 대상으로 한 무상급식, 출산 여성에게 제공되는 출산 장려금, 6세 이하 영유아 부모에게 제공되는 무상보육은 사회 서비스에 속한다. 사회 서비스는 인구집단별 수요에 대응하는 것이기에 언제든지 새로운 프로그램을 고안해 도입할 수 있다. 수혜 집단을 새롭게 만드는 영역이라서 재정만 확보할 수 있다면 정치적으로 매우 인기있는 정책 대안이다. 그래서 정치인들은 여기에 집착한다.

가장 중요한 영역이 '보편적 복지(universal welfare)'로 불리는 사회보험이다. 사회보험에는 연금, 의료, 고용, 산재보험(4대 보험)이 있는데, 복지국가를 지향하는 모든 국가가 우선 완성하려는 정책 영역

---

18) 사회 서비스 중에도 성격에 따라 보편적 복지로 분류되는 것들이 있다. 보육지원, 노인 장기 요양보험 같은 것이 그 예이다.

이다. 4대 보험이 사회적 권리의 기본 전제이다. 이를 충족하지 않은 채 사회 서비스로 눈을 돌리는 것은 포퓰리즘(populism)으로 비난받아 마땅하다. 한국에서 이 세 가지 정책 영역은 정부예산 재정 비율로 판단했을 때 3대1대1 정도의 비중을 갖는다. 이를 그림으로 표시하면 위와 같다.

복지정책에서 가장 중요하고 기초가 되는 것이 사회보험이다(그림에서 맨 아래층). 사회보험은 모든 시민이 향유해야 할 기본권이자 사회적 권리이다. 이것을 보장받지 못하면 시민이 아니다. 반면 사회 서비스는 인구집단별로, 선별적으로 제공되는 것이기에 받을 수도 있고 못 받을 수도 있다(중간층). 예순다섯 살 이상 노인에게 제공되는 노령연금(매월 10만 원 상당)은 예순다섯 살 미만 연령층은 받을 자격이 없고 구태여 제공할 필요도 없다. 남자들은 물론 출산장려금 수혜 자격이 없다. 대신 출산 유급휴가를 받는다. 한편, 빈곤정책은 절대빈곤층을 주요 대상으로 하며, 일부 상대적 빈곤층에게도 제공된다(맨 위층).

최근 몇 년간 쟁점이 된 '무상복지'를 위 그림에서 표시하면 무상급식과 보육, 의료의 정확한 위치를 가늠할 수 있을 것이다. 무상급식은 (A)에 위치한다. 지자체별로 재정 사정에 따라 시행 여부를 결정하면 된다. 그다지 시급한 사안이 아니다. 저출산 고령화 사회인 한국에서 무상보육(B)은 그보다는 비중이 큰 사안이다. 보육비과 양육비 부담 때문에 여성들이 출산을 주저하고 있기 때문이다. 출산율을 높이기 위해서는 무상보육이 시급하다.

다음은 무상의료(C). 건강보험은 모든 국민들에게 차별 없이 적용되는 '보편적 복지'에 해당한다. 고령화가 진행될수록 건강보험의 중요성이 커진다고 보면, 건강보험에는 실로 막대한 재정을 투입해야 하고 이를 신중하게 관리해야 한다. 그런데 건강보험에는 공급자와 수요자가 있고, 이들은 서로 다른 논리에 입각해 있다. 건강보험에서 수요자는 일반 시민이고, 공급자는 의료 전문인력(의사와 간호사)과 병원 자본이다. 영국과 스웨덴처럼 의료 공급자가 국가라면 사회보장세로 무상의료가 가능하지만, 한국과 같은 독특한 건강보험 체제에서는 양자의 이해가 엇갈린다. 한국은 민간(의료 자본과 의사)이 공급하는 의료 서비스를 공적으로 통제하는 복합체제(mixed system)이다. 수요자(일반 시민)는 저부담, 고혜택을 원하고, 공급자는 고부담, 적정 혜택을 목표로 한다. 국가의 공적 통제가 작동하는 복합 체제에서 공급자는 의료 비용을 가능한 낮춰 이익을 극대화하려 한다. 반면, 일반 시민인 수요자는 저렴하게 고급 서비스를 구매하려 한다. 이것이 한국의 의료 현실이다. 그런데 무상의료는 이런 현실을 도외시한다. 낮은 가격(적은 부담)으로 높은 혜택(수준 높은 복지)을 약속하는 것이다. 의사와 간호사가 이런 제안에 동의할까, 또는 병원 자본이 이런 정책을 수용할까? 답은 '아니요'다. 무상의료가 이뤄지려면 두 가지 전제가 충족되어야 한다.

- 막대한 재정을 충당하기 위해 건강보험료를 올려야 한다
- 양질의 의료 서비스를 요구하려면 민간 공급자(의사와 병원)에게 합당한

보상을 해줘야 한다.

이를 위해서는 한국의 건강보험을 일대 혁신해야 한다. 무상의료는 건강보험의 전면 재편 없이는 실행할 수 없는 프로젝트다. 4대 보험이 모두 그렇다. 사회보험에는 이익집단(interest groups)이 거미줄처럼 얽혀 있기 때문인데, 각종 이익집단을 모두 설득해야 모종의 개혁을 수행할 수 있다. 그래서 정치인들은 가급적 4대 보험을 건드리지 않고 사회 서비스에 주력하는 것이다.

대한민국 국민 절반에겐 없는 것

국가의 보호를 받을 권리를 '사회적 권리'라고 할 때 가장 중요한 기준이 사회보험이다. 그런데 한국에는 이 사회적 권리가 없는 비시민(非市民)이 광범위하게 존재한다. 4대 보험의 사각지대가 매우 넓어서 줄잡아 연인원 2500만 명이 사회적 권리를 부정당한 채 살아가고 있다. 건강보험은 대체로 모든 국민을 포괄하고 있는 반면(99.7퍼센트), 국민연금은 59.7퍼센트, 고용보험은 임금 근로자 중 63.3퍼센트에게 혜택을 줄 뿐이다. 숫자로 따지면, 국민연금은 가입 대상자의 40퍼센트인 1200만 명이, 고용보험은 총취업자 2274만 명의 58.8퍼센트인 1336만 명이 사각지대에 놓여 있다. 연금보험을 도입한 지

그리 오래되지 않아 일정 기간이 지나면 수급자가 급증하겠지만, 문제는 예순다섯 살 이상 고령층의 수급 비율이 절대적으로 낮아서(약 20퍼센트를 조금 상회함) 노인 빈곤을 초래한다는 사실이다. 세계에서 고령화 속도가 가장 빠른 사회에서 '노인 빈곤'은 시급히 해결해야 할 과제다. 정부는 노령연금으로 우선 급한 불을 끄려 했지만 월 8~9만 원에 불과한 지원금으로 노인 복지를 해결할 수는 없다.

연금보다 더 시급한 것이 고용보험이다. 청장년 실업, 조기 퇴직이 늘어나는 상황에서 고용보험 수혜자는 지극히 소수에 지나지 않으며, 수급액도 월 20~30만 원 정도여서 생계비 보전과는 거리가 멀다. 그런데 실업급여액의 현실화(updating), 기존 월급의 90퍼센트가량을 지급하는 유럽을 준거로 한 개혁안을 제안하는 정권은 심각한 위험이 크다. 세금을 올려야 하기 때문이다. 세계화의 충격 속에서 모든 정권이 일자리 창출을 강조하지만, 실업자를 생계 위험에서 보호하는 사회정책도 그에 못지않게 중요하다. '일자리 창출'을 복지처방전이라 외쳐온 한국의 역대 정부는 공히 노동시장정책과 고용보험이라는 복지국가의 중대한 영역에서는 손을 놓고 있었다. 이른바 '적극적 노동시장정책'이 선진 복지국가의 일자리 정책이자 실업정책이라는 사실을 한국처럼 외면해온 국가도 없을 것이다.[19] 실업자, 실직 위험에 처한 취업자, 경쟁력을 상실한 취약계층에 공적 지원을

---

[19] OECD가 2011년 9월에 발표한 통계에 따르면, 한국의 노동시장 안전망이 회원국 중 최하위를 기록했다. 실직 첫해 실업급여의 소득대체율은 30.4퍼센트로 OECD 평균 58.6퍼센트를 훨씬 밑돌았고, 2년차부터는 0.6퍼센트로 거의 바닥 수준으로 떨어진다(OECD 평균은 15.5퍼센트). 소득대체율이 가장 높은 국가는 벨기에로 71.2퍼센트였고, 독일 64.9퍼센트, 일본 45.5퍼센트, 미국 44.9퍼센트였다.(출처: OECD 2011 고용전망보고서)

제공하지 않는 국가는 복지국가가 아니다. 경제성장 기여도와 관련하여 가장 시급히 해결해야 할 과제가 노동시장정책과 고용보험의 확대 및 급여 현실화일 것이다.

아무튼 사회적 권리를 부정당한 비시민이 이렇게 많은 현실에서 '무상복지'는 어쩐지 격이 맞지 않는다는 인상을 강하게 받는다. 사회보험에서 제외된 비시민들은 양극화가 심화되는 상황에서 골이 깊은 불평등의 늪 속에 빠져 있다. 사회보험은 원래 불평등 완화 효과(inequality-reducing effect)를 창출해서 사회적 화합과 연대를 증진하도록 설계해야 한다. 그러나 한국의 사회보험은 초기부터 1차 노동시장에서 2차 노동시장으로, 조직 부문에서 비조직 부문으로 확대해 나가도록 설계되어 있었기에 취약계층, 빈곤계층, 경쟁력이 약한 집단을 배제했다. 1990년대 10년간 점진적으로 확대되었지만, 여전히 고용 불안정성과 소득 불안정성이 높은 취약 집단을 포괄하자면 더 긴 시간이 소요될 듯하다. 그 결과 사회보험의 역진성이 나타난다. 소득 불평등이 심화되고 있다는 뜻이며, 이런 역진성 때문에 사회적 화합을 해치는 결과를 낳고 있는 것이다.

사회보험의 1차 대상은 취약계층이어야 한다. 그래야 사회적 통합과 분배 효과를 진작할 수 있다. 그러나 세 가지 기준에서 모두 역진성을 띠고 있다. 경쟁력이 높은 집단이 보호를 더 많이 받는다. 애초에 제도가 그렇게 설계되어 있었기 때문이다. 그런데 요즘 정치권의 복지 논쟁에는 이런 문제가 제기되지 않는다. 균형 복지, 적정 복지, 맞춤형 복지 등 정치권은 다양한 구상안을 내놓고 있지만 복지

정책의 핵심 쟁점이어야 할 '사회보험의 역진성'에는 별 관심이 없다. 필자가 복지 논쟁의 초점이 잘못 맞춰졌다고 생각하는 이유는 바로 이런 경향 때문이다. 실업자가 노숙자로 전락해도 노동시장의 정책 수단이 작동하지 않는 현실을 두고 자녀 복지에 몰두하는 까닭을 납득할 수 없는 것이다. 진보든 보수든, 사회보험의 역진성을 방치한 채 사회 서비스에 몰두하는 정치는 진정한 복지 정치라 할 수 없다.

사회보험의 역진성은 노동시장의 삼분구조(三分構造)와 맞물려 있다. 삼분구조는 고용 조건이 관리사무직, 정규직, 비정규직으로 구획 분절된 노동시장을 가리키는데, 임금, 채용, 해고의 규칙이 전혀 다른 세 개의 내부 노동시장이 병존하고 있다는 뜻이다. 삼분구조는 산업화 이후 오랜 시간에 걸쳐 정착되었으며, 특히 구조조정 때 위력을 발휘해 1990년대 중반 이후 복지 분절선으로 더욱 고착화되기에 이르렀다. 그 삼분구조의 중심에 노동조합이 있다.

기업 구조조정의 필요성이 제기되었을 때 노동조합의 보호를 받는 정규직 노동시장은 폐쇄성을 높이는 방식으로 대응했음에 반하여, 노동조합이 없는 관리사무직과 비정규직 노동시장은 입직구와 퇴직구를 개방하려는 고용주의 압력에 그대로 노출되었다. 1990년대 중반 대량 감원 사태가 발생했을 때 고용주는 조직화되지 않은 두 군데 내부 노동시장에 주목했고, 당시에는 합법화되지 않았던 정리해고를 여기에 적용했다. 이 급작스러운 사태에 직면해서 노동조합은 비정규직 노동자를 조직 내부로 끌어들이는 것보다 조직원을 보호하는 것을 더 급박한 과제로 인식했다. 대량 감원 사태에 직면한 노동조합이 전략을 선택할 수 있는 공간은 매우 좁았고, 역으로 노동시장 구조에 의해 결정된 외부 제약은 매우 공고했다. 노동조합에 왜 이 삼분구조를 넘어설 수 없었는가, 라고 반문하는 것은 그리 정당한 질문이 아니다.

노동시장의 삼분구조는 대기업/중소기업의 격차와, 이를 외주, 하청 및 협력업체라는 이름으로 활용했던 대기업의 경영 전략이 맞물려 있었다. 노동조합은 매우 오래된 이런 구조 속에서 조직화를 시도했고, 이는 모기업 노동자를 중심으로 이뤄질 수밖에 없었다. 대공장의 현장에서는 외주업체, 하청업체, 협력업체의 노동자들이 모기업 노동자들과 동일한 노동을 수행했지만, 이들에게는 대단히 다른 규칙들이 적용되었다. 이런 상황에서 외부 하청업체 노동자들을 노동조합에 끌어들이는 일은 '노노 갈등'의 불씨일 뿐 아니라, 조직화라는 절박한 과제를 무산시키는 시도일지도 모른다는 인식이 확산되었다. 조직 노동자에게 비정규직 배제는 산업현장의 오랜 관행과 유연화 전략 아래서 전국 조직의 설립이라는 최대의 목표와 맞바꾼 결과였다.

그것은 복지와 연관해서 보면 제약이자 덫이었다. 노동시장의 삼분구조는 이제 노사정 모두 인정할 수밖에 없을 정도로 매우 단단히 고착되었으며, 기업 복지를 포함하여 모든 교섭 사항이 삼분구조의 구획선을 전제로 해야만 하는 상황이 되었다. 이 '구조적 덫'은 복지 정치에서 노동조합이 주도권을 행사할 수 있는 여지를 축소했다. 이런 제약은 국가 복지에도 그대로 반영되었다. 사회보험의 재정이 고용주, 피고용인이 각각 50퍼센트씩을 부담하는 방식으로 설계되어 있기에 비정규직을 밀어냄으로써 기업주들은 재정 부담을 최소화하려 했다. 결국 경영자와 노동조합에게 밀려난 비정규직은 비시민이 되었다. 이들에게 시민권을 부여하려면 국가는 우선 기업주를 설득해야 한다. 그러나 경쟁력 약화와 경제 논리를 들고 나오는 기업들의 저항과 반발을 넘어서기란 쉬운 일이 아니다. 더 중요한 사실은, 국가가 스스로 나서 기업 경쟁력을 낮출 개혁조치를 단행하기는 매우 어렵다는 점이다. 자본 파업은 노동 파업보다 정권에 더 치명적이다. 노무현 정부에서 의욕적으로 추진했던 비정규직보호법안을 고용주는 그다지 달가워하지 않았다. 그렇기에 양극화 해소의 핵심 수단은 항상 사용할 수 있으나 늘 단혀 있다.

경계하라!
곧 닥칠 대박세일을

'복지국가는 재정 파산을 몰고 온다'는 유럽발 적신호가 한국인들에게는 복지 논쟁 무용론 혹은 회의론을 부추기고 있는 실정이다. 반복지론자들은 그리스, 스페인, 포르투갈의 사례를 들어 복지를 경제위기와 사회 갈등의 진원지로 이해하려는 반면, 친복지론자들은 스칸디나비아의 성공사례를 내세워 '복지병'을 강조하는 논리의 이념적 허구를 공박한다. 재정적자의 늪에서 허덕이는 일본 역시 복지 확대론을 경계하게 하는 사례다. 최근 한국사회에서 일고 있는 복지 논쟁의 이면에는 성장과 분배를 각각 강조하는 진영의 이념 대립 구도가 선명하게 자리 잡고 있다. 양자는 마치 철로 같아서 서로 접점을 허용하지 않는다. 인플레이션-실업률의 상극 관계를 복지로 해결하자는 본질적 논리도 복지 담론에서 주목을 끌지 못한다. 그러므로 복지 논쟁은 결국 성장/분배의 이분법적 논리에 의해 재단될 위험이 많고, 반복지/친복지 세력 간의 첨예한 갈등으로 비화될 소지가 다분하다. 2011년 10월의 주민투표에서 우리는 그것을 경험했다. 당시 주민투표는 복지 논쟁과 그로 인한 사회적 대립에 매듭을 지어보려는 첫 시도였다. 향후 한국사회는 복지정책의 노선과 방향을 둘러싸고 시민들이 결단을 내려야 할 상황에 자주 마주칠 것으로 보인다. 복지국가로 향하는 과정에서 학습 비용은 점점 커질 전망이다.

분명한 사실은 한국에서도 '복지'가 시민의 생계와 삶을 위협하는 제반 요인들을 해소해주는 포괄적 개념으로 점차 인식되고 있다는 점이다. 금융, 신용, 공공 투자, 일자리 창출 등을 겨냥한 '경제정책'과 사회적 기회, 빈곤, 여성과 아동, 노인, 교육의 제도 개선을 위한 '사회정책'의 최종 목표로 복지가 개념화되는 중이다. 유럽에서 복지는 인간다운 삶의 보장과 사회 통합을 아우르는 상위 개념으로 오랫동안 발전해왔고 유럽 정당들의 공통된 정치적 목표가 되었다. 한국은 이제 복지가 정치의 최종 목표로 설정되는 초기 단계에 진입한 듯하다. 그렇다면 어떤 형태이든 '복지국가'와의 대면을 피할 수 없으며, 어떤 복지국가를 만들어야 하는가?와 같은 본질적 질문에 부덮힐 수밖에 없다.

하지만 이런 논쟁을 통해 복지국가의 유형과 정책을 찾아나서는 한국이 처한 시대적, 환경적 조건은 그리 우호적이지 않다. 1960년대 유럽 국가들이 복지국가를 최선의 목표로 설정했을 때 복지국가의 견인차인 계급연대와 타협을 촉진하는 환경 요인들은 상대적으로 풍부했고, 복지동맹의 정치경제학적 명분과 실리도 실생활의 향상을 통해 확인할 수 있었다. 그런데 세계화(globalization)는 복지제도를 해체하거나 하향 조정 압력을 가하는 경향이 있다. 복지정책의 폐해가 가시화되고 복지국가를 재편해야 할 필요성이 높아진 상황이어서 새롭게 복지국가 영역으로 진입하려는 한국에는 그다지 좋은 조건이 아니다. 더욱이 복지동맹 같은 계급연대에 불온한 시선을 보내는 한국사회에서 복지 논쟁은 '사회주의적 색채'에 대한 뿌리 깊은 불신을 촉발하거나 심지어는 나라 망치는 망국병 논란으로 비화될 우려가 있다. 세계화는 더 이상 국가 재정, 성장, 분배의 선순환을 허용하지 않는다는 정치경제학적 조건의 변화, 그리하여 결국 건전 재정을 상위에 놓고 성장과 분배 사이에서 택일을 강요하는 이른바 트릴레마(trilemma) 논리도 한국의 복지 논쟁을 어렵게 만드는 요인이다.

난점은 도처에 있다. 복지가 전문가의 영역이라는 점도 시민들의 정책 판단을 어렵게 만든다. 특정 복지정책의 수혜 범위, 혜택의 크기, 효과, 재정 부담을 종합 평가하려면 전문지식이 필요하다. 예를 들면, 무상급식은 비교적 간단한 사안이지만, 무상의료는 결코 간단치 않은 문제다. 이는 한국의 건강보험 체계의 골격에 영향을 미치고 급기야는 의료 서비스의 질과도 직결된다. 건강보험료를 인상하지 않은 채로 시행하는 무상의료는 수요자(환자)에게는 매혹이지만, 공급자(의사)에게는 공포로 다가올 것이기 때문이다. 일부 전문가들이 영국의 NHS를 한국 의료체계의 준거로 주장하고는 있으나, 영국 국민들이 월급의 15퍼센트에 이르는 보험료를 지불하고 있다는 사실에는 별로 관심을 두지 않는다. 재정이 충분히 뒷받침되지 않고, 시민들의 조세 저항이 높은 나라에서 '복지국가'는 불가능하다. 재정 투입이 생산성 향상과 사회통합이라는 두 가지 목표에 기여하도록 정책을 설계해야 하고, 그럴 경우 국민들도 스스로 비용을 부담할 수 있도록 복지 의식을 바꿔야 한다.

한국의 경우 재정 확보와 근본적인 제도 개혁이 어려워 복지국가로 가는 정상적인 문은 닫혀 있다. 대신 작은 쪽문 같은 비상구가 열려 있는데, 이를 통해 사회 서비스에 집중된 크고 작은 의제가 물밀듯 터져 나오는 중이다. 사회보험의 사각지대와 역진성을 그대로 둔 채, 노동시장정책과 고용보험을 내버려둔 채, 사회 서비스에 집중된 복지정치는 이미 말했듯이 정상이 아니다. 이렇게 덧칠된 복지가 결과적으로 '기형적 형상'으로 나타날지도 모른다는 우려가 생긴다. 조금 낙관적으로 생각해서, 사회 서비스가 어느 수준에 도달하면 파급효과(spread effect)와 낙수효과(trickle-down effect)를 기대할 수 있을지도 모른다. 사회 서비스는 사회보험의 취약성을 보완해주는 기능을 갖고 있기는 하다.

그럼에도 정당들이 앞 다투어 펼칠 복지 상품의 대박세일을 경계해야 한다. 지지도 상승을 위해 정당들이 개발하는 신상품들은 모두 정치적 의도를 갖고 있을 테고, 생활고에 지친 서민들은 혹할 수밖에 없을 것이기 때문이다. 부가되는 서비스 프로그램들이 일단 가동되면 잠김효과(lock-in effect)를 갖는다. 되돌리기가 불가능한 것이다. 따라서 무엇이 가장 시급하고 비용 대비 효율적인지를 따져야 한다. 정책의 우선순위(priority)가 중요해지는데, 이 역시 전문가의 영역이기에 시민의 판단과 합의에 맡기기가 상당히 어렵다는 난점이 있다. 포퓰리즘이 작동하게 되는 이유이다.

마이클 샌델, 그의 인기 비결

복지국가가 제대로 실현되려면 자본과 노동의 타협, 국가와 시민사회의 합의가 필요하다고 앞에서 지적했다. 특히 자본이 고율의 세금을 낼 의향이 있어야 하고, 생산의 사회적 통제를 감수할 의지가 있어야 한다.[20] 그것이 경제 민주화의 과제다. '기회균등'과 '소득 평등'이라는 사회 민주화의 과제를 경제 영역에 대입하면, 기업간 공정거래, 대기업/중소기업의 상생 발전, 하청·협력 기업의 이익 증대가

---

20) 이후 세 절은 필자의 논문 〈공정사회, 합의가 중요하다〉, 황경식 외, 《공정과 정의사회》(조선뉴스프레스, 2011)에서 발췌 수정한 것이다.

중심 과제가 되고, 총체적으로는 '거대 자본의 과잉권력 통제'로 귀결된다. 지난 10여 년 동안 한국에서 사회 민주화와 경제 민주화를 추진하지 않은 것은 아니다. 그러나 실적과 성과가 대단히 미흡했고, 시민들이 거의 체감할 수도 없었다.

이런 배경에서 이명박 정부 중반기에 소위 '공정사회론'이 등장한 것이다. 이명박 정부는 사회 민주화와 경제 민주화의 과제를 '공정성(fairness)' 개념으로 묶어 뭔가 정권 차원의 업적으로 승화시키려 했다. 그러나 친시장적 이미지에 더하여 부자와 대기업에 가깝다는 비판 프레임에서 벗어나기가 매우 어려웠다. 다른 정부에 비해 복지 예산을 증액하고 다양한 서민 복지 프로그램을 도입했던 이명박 정부로서는 억울하기 짝이 없는 비난이었지만, 일반 서민들의 그런 판단에 근거가 전혀 없는 것은 아니었다.

무엇보다 정부 요직에 등용된 인사들이 대체로 재력가였다는 사실이 서민들의 거부감을 촉발하기에 충분했고, 그들이 또한 한국사회의 아킬레스건에 해당하는 사소하지만 중요한 기준들을 충족하지 못했다는 사실이 불쾌감을 자아냈다. 병역 미필, 위장전입, 재산 증식의 불법성같이 서민들에게 민감한 사안들이 속속 드러났고, 부동산 투기 이력들이 세간에 공개되자 '중도 실용'은 좌편향 정책을 수정하는 정당한 노선이 아니라 불법성을 합리화하고 봉합하는 임시 변통의 타협적 술수 정도로 인식되기에 이르렀다. 이명박 대통령도 등용 인사들의 이런 배경을 그리 심각하게 여기지 않는다는 일각의 불만은 서민의 어투로 일관했던 노무현 전 대통령을 다시금 떠올리게 하는 분위기를 조성했다.

　이런 불만은 서민들 입장에서는 공정성 문제와 연결 짓게 되었다. 이것만이 아니었다. 악화일로에 있는 청년실업, 여전히 풀리지 않는 비정규직 문제, 심화된 소득 불평등, 중산층 약화와 빈곤층 증가, 대기업과 중소기업의 격차 증대 등의 문제들이 1인당 국민소득 2만 불을 돌파했다고 선언하는 이명박 정부의 성취감을 일종의 좌절감으로 변환시키는 쟁점으로 작동하고 있다. 정권 후반기에 접어들면서 이명박 정부 역시 '정권의 성취'와 '국민적 좌절 심리' 간의 격차를 인식하지 않을 수 없었는데, 양자의 인식 차이를 좁히는 정책 개념으로 도입된 것이 바로 공정사회론이다. 사회 민주화와 경제 민주화를 묶은 개념이다.

　공정사회(fair society)란 생득적 지위에 의한 차별뿐만 아니라 계층, 학력, 직업 등의 성취적 지위에 의한 차별이 최소화된 '정의로운 사회(just society)'를 지칭한다. 이 '정의로운 사회'는 정치체제의 차이를 막론하고 세계의 모든 국가가 추구하는 공통 목표지만, 대개는 경제발전의 수준과 정치체제의 유형에 따라 공정성 개념이 달라지고, 특히 사회의 진화 경로에 의해 공정성을 구성하는 요소들의 비중이 달라진다. 미국에서는 효율성과 능력을 강조하는 데 비해, 한국인들은 그것보다 평등에 비상한 관심을 기울인다. 미국이 '기회의 평등'을 강조한다면, 한국은 '결과적 평등'에 더 민감하다.

　예를 들어 미국의 CEO들은 노동자에 비해 수백 배에 달하는 연봉을 받는 게 일반화되어 있지만, 한국에서 이는 조심스럽게 다루어야 할 사안이다. 남미의 부촌에서는 파출부 전용 엘리베이터가 설치되어도 사회문제가 되지 않지만, 한국에서는 금시 여론의 뭇매를 맞는다. 공정성 개념이 다른 것이다. 이런 문제를 사회현상에 확대 적용하면 대부분의 사안들은 공정성 시비를 안고 있다. 최근 쟁점으로 떠오른 반값 등록금 문제만 해도 그렇다. 소득 수준과 관계없이 모든 대학생들에게 같은 금액의 등록금을 부과하는 것은 공정한가? 부유한 가정 아동에게도 무상급식을 제공하는 것은 공정한가? 한국사회는 이 문제를 풀지 못해 급기야 무상급식안을 주민투표로까지 몰고 갔다. 정치권이 공정성의 기준을 설정하지 못해 주민의 판단을 구한 것이다.

이명박 정부는 공정사회 개념을 다음과 같이 명시했다. "출발은 물론 경쟁과정을 공평하게 함으로써 경쟁자들이 그 결과에 대해 공감하고, 스스로 책임지는 사회를 말합니다. 즉 부패가 없고, 균등한 기회가 보장되며, 약자를 배려해 그들이 다시 일어설 수 있도록 뒷받침하는 사회입니다. 공정사회는 불합리와 불공정을 극복함으로써 법과 원칙이 통하는 사회, 약자를 배려하는 사회, 소통과 화합을 통해 차별을 없애는 사회를 말하며 이는 곧 선진일류국가 완성을 위한 '실천 전략'입니다."[21] 정부가 상정한 공정사회론의 요체는 기회균등, 투명사회, 약자 보호, 그리고 자율 책임이다.

이런 가치들을 굳이 보수정권만의 전유물이라고 할 필요는 없다. '법과 원칙'은 진보정권이었던 노무현 정부가 가장 중시했던 규준이었

---

21) 문화체육관광부가 운영하는 공정사회 홈페이지. http://fair.korea.kr 참조.

으며, '소통과 화합' 역시 노무현 정부가 추구했던 행동양식이자 목표였다. 공정사회론의 쟁점들은 모두 한국사회가 필요로 하는 가장 절박한 정책들이기에, 좌우 가릴 것 없이 추구해야 할 소중한 가치들이다. 즉 진보정권에서 시행해도 통용될 수 있으며, 심지어는 민주화 이후 성립된 모든 정권에서 수용될 수 있는 보편 가치에 속한다.

'어떤 공정성인가?(which fairness?)', 이를 둘러싼 논쟁과 정책은 정권의 성향에 따라 달라진다. 또한 실행 방식과 내용도 달라지는데, 이는 공정성의 상대적 성격과 결부된다. 예컨대 분배를 강조했던 노무현 정부는 시장을 부도덕한 것으로 상정했고 따라서 '시장의 실패'를 보완하는 국가 개입을 정당한 통치로 간주했다. 시장의 실패에 초점을 맞춘 공정사회론은 '약자 보호'와 '시장 규제(독과점 규제)'로 나아가게 되고, 분배 정의에 역점을 두게 된다. 그것이 진보 성향의 통치자와 통치 집단이 상정한 공정성이었다. 그런데 곧이어 등장한 이명박 정부는 동일한 공정성 개념 아래에서 분배에서 효율로, 정당한 규제에서 시장 경쟁 쪽으로 방향을 바꿨다. 두 정권의 차별성이 극명하게 나타나는 분야가 세금정책일 것이다. 노무현 정권은 부자들에게 '세금 폭탄'을 안겨주었지만, 이명박 정권은 '부자 감세' 기조를 유지하고 있다. '고소득자 세율'에는 정권이 추구하는 공정성 개념이 고스란히 담겨 있다. 즉 세율은 정권이 상정하는 공정성 개념의 측정자이다.

그러나 두 정부 모두 대체로 실패했다. 시민들의 기대에 훨씬 못 미쳤거나 점차 심각해지는 양극화와 분배 악화를 어느 정도라도 해소하는 데에 실패했다. 마이클 샌델의 정의론이 각광을 받는 이유이다. 그렇기에 2012년, 공정성의 핵심인 '복지와 경제 민주화' 요구가 터져 나오는 것이다. 왜 이렇게 되었나? 왜 한국은 일인당 국민소득 2만 불에 이르도록 두 가지 과제를 풀지 못했는가?

상식이 통하지 않는 이유

▶▶ 미뤄진 숙제, 뒤늦은 후회

한국은 경제성장을 어느 정도 이룬 후에 민주주의로 이행했다. 뒤늦게 민주화에 시동을 걸었고 그에 따라 공정사회론도 뒤늦게 등장했다는 점이 유럽과 다른 한국의 특수성이다. 민주주의를 전제할 때, 서구의 경우 공정성 논쟁과 이를 둘러싼 집단 갈등은 대체로 1인당 국민소득 5000불에서 1만 불에 이르는 경제지대에서 발화했다. 즉 경제성장이 그 정도 수준에 이르면 사회 민주화와 경제 민주화에 대한 관심이 촉발된다. 이를 '공정성의 경제지대(economic zone of fairness)'라고 불러도 좋을 것이다. 미국과 유럽 국가들이 1인당 국민소득 1만 불에 도달한 시점은 대체로 1970년대 말이었는데, 이 기간에 경제성장과 함께 공정성의 개념과 기준이 동시에 정착되었다고 보아도 무리가 없다. 이 시기는 우연히도 케인스주의에 기초한 복지국가의 황금기와 일치한다. 2차대전 이후 본격화된 복지국가 이념은 성장과 분배의 순순환 관계를 매개하는 통치 방식이었으며, 정치, 경제, 사회의 화학적 결합을 촉진한 구심체(concentric circle)였다.

복지국가와 복지정책이 순조롭게 도입된 것은 아니었다. 미국과 유럽 국가들은 이 기간에 격렬한 분배 투쟁을 겪었으며, 스칸디나비아 국가들도 강도 높은 계급투쟁과 노사갈등에 시달려야 했다.[22] 경제성장과 더불어 한층 격화된 분배에 대한 관심을 어떤 정책으로 해소할 것인가를 두고 고민하던 시기였으며, 이와 동시에 나라별로 자국에 적합한 공정성이 무엇인가를 두고 대립했다. 존 롤스가 《사회정의론》을 출간하고 강의하던 때가 1960년대 말이었던 만큼, 공정성에 대한 미국인의 관심은 1960년대에 상승일로에 있었다고 보아 무리가 없다. 미국의 1960년대는 인권운동과 빈곤과의 전쟁(war on poverty)이 실행되던 기간이었다. 인종차별과 계층차별이 공정성을 해치는 일차 요인으로 규정될 정도로 미국 사회는 불공정사회였고, 시민의 저항운동이 전국 각지에서 일어났다.

인권운동을 통해 흑인에게 선거권이 주어지고, 사회 각 영역에서 인종차별이 불법화되었다. 소수인종에 대한 어퍼머티브 액션(affirmative action)이 채택되고, 병원과 공공시설이 소수인종들에게 개방되었다. 빈곤과의 전쟁은 인종차별과 겹친 경제적, 사회적 격차를 해소하기 위한 정부의 적극적인 대응책이었다. 빈부격차를 해소하기 위해 빈곤계층에 여러 가지 혜택을 제공했는데, 학비 보조, 보육비 지원, 푸드 스탬을 비롯하여 편모가정에 대한 현금 지원(AFDC)을 확대했다. 오늘날까지도 지속되고 있는 이 모든 복지정책이 1960년대

---

[22] 1950년대와 60년대에 스웨덴의 노사갈등은 유럽 최고 수준이었다.

에 한꺼번에 이뤄졌던 것이다. 1960년대에 고조된 공정성에 대한 사회적 관심은 1974년 닉슨 정부가 OASDHI로 불리는 산발적 복지제도를 SSI로 통합한 원동력이었다.[23]

유럽의 공정성 논쟁과 관련 정책 도입의 역사는 미국보다 훨씬 역동적이다.[24] 왜냐하면, 유럽은 계급투쟁을 계급정치로 승화시킨 바 있으며, 계급연대와 평등을 공정성 개념의 중심부에 위치시킨 국가들이기 때문이다. 그중에서도 사민주의를 실현한 스칸디나비아 국가군이 주목할 만하다. 사민주의가 창안한 정책들을 살펴보면, 사민주의는 자유와 평등의 적정한 결합을 통해 자본주의와 시장의 미덕을 살려낸 최고의 체제라는 미국 정치학자 쉐보르스키의 지적이 설득력 있게 다가온다. 사민주의는 고유의 정책 프로그램을 통해 분배와 효율의 상생 결합을 일궈냈다. 자유주의 국가에서는 분배와 효율의 충돌을 통제하지 못하는 반면, 사민주의는 정교한 정책 프로그램을 고안해서 양자의 원활한 결합을 도모할 수 있었다. 앞에서 소개했듯, 스웨덴 노동조합(LO)과 사민당(SAP)이 제안한 연대임금 정책이 대표적 사례일 것이다.

이런 정책들이 공정성의 실행수단이자 창구라고 한다면, 미국과 유럽은 1970년대 말까지 공정성 투쟁을 거치면서 시민들이 동의할 수 있는 개념과 제도들을 마련했다고 볼 수 있겠다. 이런 기반이 다

---

23) Old-Aged Survival, Disabled, Health Insurance(노령, 유족, 장애인, 의료보험)를 가리키는데, 1974년에 보족보장소득(SSI, Supplementary Security Income)으로 발전·재편되었다. 필자의 논문 〈미국의 사회정책〉, 송호근 편, 《세계화와 복지국가: 사회정책의 대전환》, 나남, 2001.
24) 각주 23)의 책에서 유럽 편 참조.

져진 상태에서 이들 국가들은 1980년대부터 질적으로 새로운 시대, 즉 우리가 오늘날 신자유주의라 부르는 '시장의 시대'로 진입해 들어갔으며, 그 전까지 정립한 각종 제도들을 시대의 흐름에 맞춰 조금씩 수정·보완하는 단계를 거쳤던 것이다. 시장의 공습으로 표현될 만큼 치열해진 시장경쟁의 요구에 각국이 응답한 방식은 매우 다르다. 미국과 영국처럼 공정성 개념을 시장 쪽으로 재편해서 복지제도를 약화시키고 '작은 정부'로 돌아선 국가들도 있지만, 대부분의 유럽 국가들은 1970년대까지 구축한 복지제도의 큰 틀을 유지하려고 노력하는 중이다. 그것은 1970년대까지 합의했던 공정성 개념을 변화시키지 않는다는 뜻이고, 우파든 좌파든 과거의 시민적 합의를 중시하고 있다는 뜻이다. 일단 합의된 공정성 개념은 역사적 관성을 갖는다. 이를 깨는 것은 일종의 사회혁명과도 같다.

이렇게 보면, 한국의 1990년대 중반은 문민정부의 출범과 1인당 국민소득 1만 불 시대가 겹친다는 점에서 유럽에 비해 공정성 논쟁이 뒤늦게 시작됐다는 점을 확인할 수 있다. 유럽이 새로운 조류에 맞춰 개념을 수정하는 단계에 접어든 이후에야 한국은 공정성 구현이라는 멀고 먼 목표를 향해 발걸음을 떼기 시작했던 것이다. 1990년대 중반 이후 지금까지 약 16~17년 동안 한국사회는 제도 정립을 위한 각종 투쟁에 휩싸였는데, 이는 어떤 방식으로든 공정성 논쟁과 연결돼 있다. 90년대 중반 경기침체에 따른 정리해고, 1996년 노동법 관련 투쟁, 1997년과 98년 외환위기에 직면해 일어난 대량 실직 사태, 1999년 의약분업, 2002년 카드 대란과 가계부채 급증 등의 사건이 그러하다. 특히 노무현 정권 시절은 이념투쟁의 시대라고 불러도 좋을 만큼 각종 권리 투쟁이 활발하게 전개되었다.

2004년 '4대 개혁'을 둘러싼 좌우파의 충돌은 정국을 경색 국면으로 몰고 갔으며, 대통령의 잦은 설화는 2006년 미증유의 탄핵 사건으로 발전하기까지 했다. 2008년 초반기는 한미 FTA 반대 시위로 얼룩졌다. 미국 쇠고기 수입 문제로 불거진 이 투쟁은 정권에 대한 범시민적 퇴진운동으로 치달았는데, 자유무역에 의한 국익보다 소비자 주권을 강조하는 시민의 정서가 널리 확산되었다. 공정성 시비는 항상 그림자처럼 그런 사건들의 배경에 놓여 있었다. 시민단체와 공사 기관들, 언론 방송 매체들은 여러 유형의 판단 기준을 들이댔고 어느 한쪽의 가치를 선택한 좌우파 집단의 설전과 물리적 충돌이 불가피하게 발생했다. 이런 혼돈을 겪는 동안 더러는 사회제도와 경제 제도로 정착되기도 했지만 더 많은 쟁점들이 아직 정치투쟁의 영역에 내던져져 있다고 하겠다. 갈 길이 먼 것이다.

▶▶왜 충돌할 수 밖에 없는가?

복지와 경제 민주화는 뜨거운 쟁점이 되었다. 대선정국뿐 아니라 차기 정권에서도 이를 둘러싼 엄청난 정치투쟁이 발생할 것이다. 그렇다면 두 가지 유보된 과제, 절박한 시대적 과제에 대한 합의가 어려운가? 어렵다면 왜 어려운가? 이 질문에 몇 가지로 답할 수 있겠다.

첫째, 발전 수준의 측면에서 경제 영역이 사회 영역을 앞질러 경제와 사회 간의 제도 격차가 발생했는데 이를 사회지체 현상(societal lag)

으로 규정할 수 있다. 이런 사실은 OECD 국가군의 각종 제도적 발전 수준을 측정한 분석에서도 확연히 드러난다.[25] 이재열과 장덕진은 20여 개에 달하는 제도를 비교·분석한 결과 한국은 과학과 기술 분야를 제외하고 투명성, 법 준수, 기대수명, 삶의 질 등 사회 분야와 노사관계, 재정, 국내 경제 등 경제 분야에서 OECD 국가군의 평균치를 훨씬 밑돌았으며, 사회제도의 발전 수준이 경제 분야보다 더 낮았다는 사실을 동시에 보여주었다. 사회제도의 발전 수준이 경제를 따라가지 못하는 이 지체 현상은 경제성장을 가로막을 수 있는 우려를 안고 있으며, 따라서 사회제도의 선진화가 시급하다는 것을 시사한다.

둘째, 국내총생산이 적을 때, 그리고 자본주의의 발전 수준이 그다지 높지 않을 때 발생하는 분배 투쟁은 타협의 여지가 상대적으로 클 수 있다. '연대와 평등'은 더 효율적인 경제성장을 전제로 한 것인데, 실제로 계급 타협에 의한 삶의 질 향상을 경험한 자본가와 노동계급은 그런 낙관적 희망을 전제로 양보의 미덕을 발휘할 수 있었다.

세계시장에서 국가간 경쟁이 치열하지 않았을 때, 자본주의는 양보와 타협의 여지를 남긴다. 그런데 한국처럼 1인당 국민소득 2만 불, 세계 10위권의 경제대국이 된 나라에서, 20세기와는 질적으로 다른 '시장의 시대'가 자본과 노동을 호령하는 상황에 맞닥뜨렸을 경우 계급 타협의 여지는 작아진다. 사민주의 국가들도 더러

---

25) 이재열·장덕진, 〈삶의 질 비교 분석: OECD 국가군을 중심으로〉, 2010.(사회적 삶의 질 심포지엄 발표 논문)

계급연합이 붕괴되는 장면을 목격해야 했다. 자본주의의 경직성(rigidity)이 그만큼 커진 것이다. 사회 영역에서도 계층간 장벽이 단단해져서 상향 이동의 가능성이 줄어들고 그 결과 양극화가 빨리 진행된다. 이는 사회적 합의를 통해 공정성의 기준을 모색하고 정립하는 데에 어려움이 커졌다는 뜻이다. 공정성을 위한 사회적 합의를 끌어내기가 상대적으로 어려운 상황에서 한국은 공정사회라는 문제 영역에 던져졌다.

셋째, 합의점 도출이 어려운 이유는, 자본주의의 경직성 증대라는 경제적 요인도 있지만, 모든 사회 성원과 사회계층이 받아들일 수 있는 공통의 가치관 영역이 협소하다는 점 때문이다. 우리는 서구와 달리 민주주의의 역사가 길지 않아 계급과 사회집단들이 합의를 끌어내는 데 미숙하다. 또한 한국의 중산층은 자유주의를 꽃피우고 가꿔온 중심 세력인 서구의 중산층과는 달리 자유와 평등의 실질적 가치를 발전시켜온 역사적 경험이 일천하기에 상대적으로 자유주의를 깊이 '내면화'하지 못했다. 자유와 평등이란 핵심 가치를 유지 및 지탱하는 중심 세력이 취약한 사회는 여러 가지 이념 공세에 흔들릴 수 있다. 한국이 여기에 속한다. 사회집단이 공정성 투쟁에 휘말릴 때, 무엇이 공정하고 무엇이 불공정한지를 판단해줄 가치관의 자산이 빈약하다는 말이다. 그래서 보수와 진보가 서로 다른 개념에 집착해 격렬하게 충돌해왔다. 공유할 수 있는 가치관이 협소한 것이다.

공통의 가치관이 빈약하다는 점은 한말 개화기에 지배 이념의 붕괴와 외국 이념의 수용을 감당할 주도 계층이 부재했다는 사실과 밀접히 관련된다. 자유주의를 주도한 계층이 중산층이라는 서구의 역사적 사실에 비춰 한국에는 그런 중산층이 없었고, 산업화 시기에 형성된 현대의 중산층은 권위주의 통치의 세례를 받아 아직은 자유와 평등의 본래 의미를 충분히 내면화한 성숙한 교양시민의 면모를 갖추지 못했다고 평가할 수 있겠다. 이 점은 앞에서 지적했다.

얽힌 실타래를 풀어드립니다

앞장에서 우리는 이 시대의 키워드로 '분배와 양극화'를 주목했고, 이를 구성하는 시대방정식의 메커니즘을 제시했다. 이 글에서 살펴본 복지와 경제 민주화는 분배와 양극화를 푸는 상호 연관된 두 가지 정책인데, 두 영역은 연쇄될 뿐 아니라 중첩돼 있다는 점도 충분히 설명했다. 두 정책 영역을 합한 개념을 '공정성'이라 한다면, 보수와 진보는 서로 다른 공정성 개념을 설정한다. 양 진영의 양보와 타협이 없다면 충돌이 불가피한데 결국 대선에서 판가름될 것이다.

다음 장에서 복지와 경제 민주화를 상세히 논하기 전에 우리의 시대방정식에서 이 두 가지 정책 영역이 어디에 놓여 있는지를 우선 확인해두자.

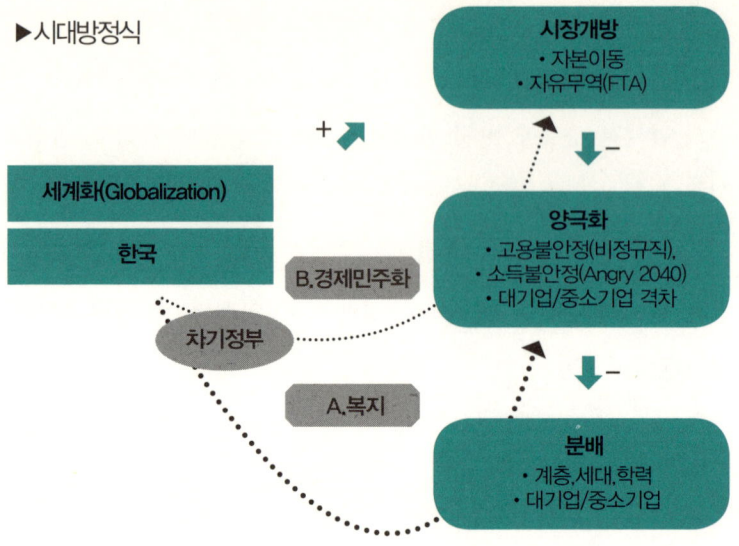

우리는 세계화, 시장개방, 양극화, 분배 악화로 이어지는 연쇄 고리를 세계화의 구조에서 확인할 수 있다. 이 연쇄 관계가 플러스(+), 마이너스(-), 마이너스(-)로 되어 있다는 것은 세계화 연구자들의 공통된 결론이다. 적어도 중단기적으론 그렇다. 세계화는 시장개방을 촉진하는데(+), 시장개방은 결국 재벌과 대기업에게 유리한 환경을 조성한다. 이는 곧 양극화(-)를 낳고, 양극화는 분배구조의 악화(-)를 초래한다. 그렇다면 정부는 어떻게 할 것인가? 여기에 두 가지 가설이 있다.

-신자유주의 가설: 시장개방은 단기적으로는 양극화와 분배구조 악화를 낳지만, 중장기적으로는 그것을 해소하고 공동체의 번영을 이끌 것이다.

따라서 정부는 시장개입을 최소화해야 한다(최소화 가설).

-사민주의 가설: 시장개방은 단기적으로나 중장기적으로나 양극화와 분배 악화를 영속화시킨다. 따라서 정부는 시장 왜곡을 초래하지 않는 한도에서 적극적으로 개입해야 한다.

두 가지 가설 중 필자는 '사민주의 가설'에 동의한다. 신자유주의 추세가 30년 지속되었지만 양극화와 분배구조의 악화는 수그러들지 않았으며, 더욱이 세계 금융의 지배력이 더욱 확대되어 주요 국가들은 강대국 중심의 금융자본에 대한 대처 능력이 현저히 떨어졌다. 심지어는 미국 정부도 월가 자본주의의 명법에 따르지 않을 수 없는 지경에 이르렀다. 그런 까닭에 차기 정부는 저어도 두 개의 정책망을 적극 가동해야 한다. 이는 시대적 명령이자 정권의 사명이다. 시대방정식 그림에서 분배 악화에 대한 대응 정책이 'A 복지정책'이고, 양극화에 대한 대응 방안이 'B 경제 민주화'이다. 이 두 가지가 국내 정치의 핵심이다. 노무현 정권, 이명박 정권에서 실패한 과제가 차기 정권에 양도된 것이다. 양극화와 분배 악화가 서로 떼어놓을 수 없는 변수이듯, 복지와 경제 민주화는 긴밀하게 연관되어 있다.

사회 민주화와 경제 민주화는 서로를 필요로 한다. 그렇다고 동시에 이루어지는 것은 아니고, 유럽의 경험으로 보면 사회 민주화로부터 경제 민주화로 나아간다. 우선 사회 민주화를 정착시키는 데에 필요한 경제 민주화 항목을 선별적으로 요청하는 것이다. 사회 민주화가 어느 정도 진전된 상태라면, 경제 민주화도 그런대로 이루어지고 있다고 봐야 한다. 스웨덴은 사회 민주화를 일정 수준에 올려놓은 뒤에 본격적인 경제 민주화로 나아갔다. 그런데 대자본과 관련된 경제 민주화는 사회 민주화보다 더 어려운 과제여서 스웨덴조차도 실패한 경험을 갖고 있다.

다시 말하건대 사회 민주화의 핵심은 '기회균등'과 '소득 평등'이고, 경제 민주화는 '거대 자본의 과잉권력 통제' 또는 '파행적 시장지배 금지'가 핵심이다. 전자는 목표가 비교적 분명해 보이지만 구체적인 정책 대안과 우선순위 논쟁이 벌어지면 극심한 혼란에 직면하게 된다. 바로 '무상복지'가 그렇다. 후자는 목표와 정책 사안 모두에서 극심한 혼란에 휩싸여 있다. 경제 민주화는 결국 '재벌 개혁' 내지는 '재벌 해체'로 집약되는 것은 아닌가 하는 일반의 우려를 자아냈다. 지난 총선에서 통합진보당은 "30개 재벌을 3000개 기업으로 쪼개자"라는 구호까지 내놨고, 이렇게 급진적이지는 않지만 민주통합당도 '강력한 재벌 규제'를 경제 민주화의 목표로 설정하고 있기에 그렇다. 일견 '거대 자본의 과잉권력 통제'라는 취지에는 걸맞은 것처럼 보이지만, 경기침체 혹은 기업 경쟁력 약화라는 '뜻밖의 결과'를 초래한다면 문제는 달라진다. 복지 전선에 이상이 발생하는 것이다. 다시 말해 복지의 핵심인 '일자리 지키기'에 비상이 걸린다.

여기서 다시 한번 '복지=기업 경쟁력 강화=일자리 지키기'라는 등식을 환기할 필요가 있다. 재벌과 대기업에게 두 가지 역할을 주문해야 한다. 외부적으로는 세계화 충격에 대한 방화벽 쌓기, 내부적으로는 노사 타협을 통한 생산성 향상과 삶의 보장, 그리고 중소기업과의 상생이다. 독점도 문제지만, 독점적 지위로 인한 이점을 어떻게 공익으로 환원하는가, 이것이 관건이다. 스웨덴과 핀란드에서 대기업의 독점력은 한국보다 크다. 이 두 가지 과제를 어떻게 달성할 것인가? 보수와 진보의 격돌이 예상되는 이 난제를 어떻게 풀 것인가? 과연 양 진영의 타협과 합의가 가능할 것인가? 도출된 합의안은 공공복지와 기업 경쟁력에 도움이 되는 것인가, 아니면 복지는 늘고 성장 엔진은 꺼지는 것인가?

복지와 경제 민주화 논쟁은 항상 이런 질문을 동반했고, 양 진영의 논리는 평행선을 긋는다. 누가 더 강력하게 주장하는가, 누가 더 논리적인가로 판결이 날 공산이 크다. 그리고 유권자들의 정서에 누가 더 강력하게 호소하느냐에 따라 대선에서의 승부가 결판날 것이다. 그러나 스웨덴과 핀란드 사례에서 보았듯이, 양자는 상호 모순되거나 상호 충돌하는 관계가 아니다. 복지등식을 가만 생각해보면, 한국의 담론에서 빠진 것이 있다. 양자를 연결하는 고리인데, 거기에는 바로 '일자리 정치'가 놓여 있다. 복지와 경제 민주화는 '일자리 정치(politics of jobs)'에 의해 상호 보완 관계로 변한다. 정책 목표를 무작정 '무상복지'와 '재벌 해체'로 설정하면 일자리는 어떻게, 또 누가 창출할 것인가? 이 점을 고민해야 한다. 새누리당과 민주통합당의 일자리 정책에도 이런 논리가 빠져 있다. 양자의 연결고리인 '일자리 정치'는 다음 장에서 살펴볼 것이다.

06

새로운 미래는
어떻게
만들 수 있는가?

06

독일의 힘, 그 핵심을 논하다 | 그들에겐 있고 우리에겐 없는 | 선택의 기로에서

독일의 힘,
그 핵심을 논하다

▶▶**공공철학의 중요성**

　2005년 겨울, 필자는 복지 개혁과 구조조정의 현황을 살피기 위해 독일을 방문했다. 독일의 겨울은 추웠다. 당시 독일은 추락하는 경제로 몸살을 앓고 있었다. 천문학적 규모의 통일 비용, 실업난, 높은 수준의 복지, 기업 경쟁력 하락이 겹쳐 위기감이 팽배했다. 이대로 추락하는 게 아닐까 걱정하는 사람들이 많았다. 그런데 역시 저력이 있었다. 불과 7년 만에 늪에서 헤치고 나와 유럽연합을 이끌고 있으며, 유로존의 사령부가 되었다. 스페인에 180조 원에 달하는 막대한 구제금융을 선뜻 제공했으며, 유로존을 유지하려면 향후 2000조 원을 더 조달해야 할 것이라는 전망이 나오는데 이에 대비하고 있는 중이다. 이들은 어떻게 난관을 헤치고 나왔을까?

　2005년엔 이랬다. GDP 세계 3위, 무역 규모 세계 2위, 산업 기술력 세계 2위의 경제대국 독일은 당시 유례없는 위기감에 휩싸여 있었다. 수도 베를린에 있는 연방국회는 산업구조조정과 사회개혁 프로그램을 짜내느라고 논쟁이 한창이었다. 그러나 묘책은 나오지 않았다. 정답은 규제완화, 기업 세금 감면, 복지 축소라는 점을 다들 잘 알고 있었지만, '라인 강의 기적'을 일구었던 독일식 발명품을 약간이나마 뒤로 물리는 것은 막강한 노동조합(DGB, 독일노동조합연맹)과 복지 수혜자를 자극하고 급기야 집권 사민당에는 정치적 자살을 뜻하기에 감히 실행하기 어려웠다. 성공을 선사한 사회경제적 제도가 성장에 걸림돌이 되는 현상을 '성공의 위기'라고 한다면, 독일은 바로 그런 덫에 걸렸다. 세계 500대 기업 중 35개, 세계 일등 상품을 만들어내는 600여 개 중소기업을 보유한 나라가 실업자 520만 명, 유럽연합 평균치 이하로 떨어진 경제성장률, 치솟는 재정적자에 허덕이면서 출구를 찾지 못한다면 실로 중대한 위기가 아닐 수 없었다. 그런 분위기를 반영하듯 베를린의 3월은 춥고 음산했다. 노동자들의 마음엔 불안감이 서렸고 실업자들은 '혹한의 겨울'을 보냈다고 고백했다.

독일이 다시 유럽의 경제 사령탑으로 복귀한 것은 '사회적 시장경제(social market economy)'로 수렴되는 공공철학의 힘이었다. 공공철학(public philosophy)이란 시민들의 가치관이 서로 부딪혀 혼란과 무질서가 발생할 때 자신을 비춰볼 수 있는 거울이자 공유이념이다. 혹자는 사회적 시장경제가 실상은 빈껍데기이며 수사에 불과하다고 비난하지만 그 수사의 힘은 위력적이었다.

필자가 2005년 겨울에 만난 독일 전문가들, 시민들, 노조원들은 공동체의 삶을 지켜온 독일의 미덕이 희석되고 있는 현실에 안타까움을 토로했다. 통일 후 구동독인, 서독인 사이의 반목과 불화도 이 오랜 전통에 대한 향수를 불러일으켰다. 거리에서 우연히 만나 중년의 신사는 중견 사원이었는데, 동독인에게 인간다운 삶을 보장해주려면 감세정책은 안된다고 단호히 말했다. 공동체 연대를 위해 기꺼이 세금을 내겠다는 의지의 표현이었다. 단 세금을 적절한 영역에 적절히 사용한다는 것을 전제로 하고 말이다. 한국에서도 감세정책에 반대하는 사람은 자주 보게 되지만 정작 자신이 세금을 더 내겠다고 말하는 사람은 본 일이 없다. "사람들은 세금을 더 내야 한다"고 힘주어 말하겠지만, 정작 자신이 그래야 할 때는 주저하는 모습을 흔히 보게 된다. 우리가 중요하다고 인정하는 '사회적 연대'의 가치관이 형성되지 않은 탓이다.

한국에서는 전쟁으로 가진 것을 대부분 상실했고, 급속한 산업화 과정에서 개인과 개인의 경쟁이 격화되었으며, 민주화 과정에서는 권리투쟁에 집착한 결과 '극단적 개인주의'가 삶의 양식이자 지배적 가치관으로 자리를 잡았다. 그런 이유로 민주화 25년 동안 복지제도의 발전이 지체되고 10대 경제대국으로 올라선 지금에야 비로소 경제 민주화가 본격 거론되고 있다. 우리에게는 이 두 가지 시대적 과제를 이끌어갈 공유이념, 즉 공공철학이 있는가?

'사회적 시장경제'는 사회철학과 경제철학의 결합물이다. 자본주의적 시장경제(경제철학)와 사회적 통제(사회철학)를 조화시키는 것인데, 자유주의(liberalism)의 아킬레스건인 자유와 평등의 상호 충돌을 최소화하는 독일적 방식이다. 자본에 자율성을 부여하고(자유), 고율의 세금을 통해 형평을 기함으로써(평등) '효율과 분배'의 적절한 배합을 꾀한다. 스웨덴에 비해 '자본의 자율' 쪽에 더 많은 비중이 실려 있기는 하지만, 성장과 분배의 적정 결합을 추구하는 독일인의 집단 지혜는 결국 '사회적 합의'를 도출했고 그들은 이를 지키기 위해 노력했다. 사회적 합의란 그래서 중요하다. 국가가 위기에 빠지거나 이념투쟁에 직면할 때 언제든지 돌아가 다시 출발할 수 있는 원점이기 때문이다. 사회적 합의는 사회 구성원이 자율적으로 동의한 성스러운 계약이고 도덕이다. '합의된 미래'는 사회협약을 통해서 가시화된다.

롤스(John Rawls)의 '사회정의론'을 현실 관점에서 수정한 마이클 왈처(Michael Waltzer) 역시 사회적 합의를 정의론의 출발점으로 삼는다. 어떤 분배나 평등을 정의로운 것으로 간주할 수 있는가. 이는 궁극적으로 성원들의 합의에 기반을 둔다. 그는 '안전과 복지(security and welfare)'를 평등의 중요한 수단으로 간주하면서 사회적 합의 혹은 사회계약의 중요성을 다음과 같이 강조한다.[26]

사회계약이란 그 공동체의 구성원들이 자신들의 자원을 자신들의 필요에 관한 공유된 이해와 일치하는 방향으로, 즉 구체적인 현행 정치적 결정들에 맞게 재분배하고자 하는 합의이다. 따라서, 계약은 도덕적 유대다. 계약은 강자와 약자, 행운아와 불운아, 부자와 빈자를 함께 연결시킨다. 이 과정에서 계약은 역사, 문화, 종교, 언어 등으로부터 힘을 끌어 오면서 이해관계의 모든 차이들을 초월하는 연합을 창출시킨다. (……) 이 연합이 친밀할수록 포용적일수록 필요는 더욱 광범위하게 인정될 것이며, 또한 더욱더 많은 수의 가치들이 안전과 복지의 영역으로 유입될 것이다.

사회계약은 국가(정치권력)와 시민사회, 시민사회 내부의 이질적인 사회집단들이 서로 불만을 표하지 않고 최소한의 만족을 얻는 기

---

26) 마이클 왈처, 정원섭 외 역, 《정의와 다원적 평등: 정의의 영역들》, 철학과현실사, 1999, 152쪽. 이하 두 개 절은 필자의 논문 〈공정사회, 합의가 중요하다〉에서 발췌 수정한 것이다.

준을 만들어낸다. 우리는 이런 경험을 해본 적이 있었던가?

한국은 자유주의 역사가 짧고 그 이념의 주도 세력인 교양시민층이 얇거나 아직 충분히 성숙하지 못해 민주화 기간에도 집단간, 계층간 권리투쟁의 장에서 맴돌고 있었음을 밝혔다. 사회의 지배 이념이 발전하지 못했을 경우 사회협약은 맺어지기 어렵다. 토론과 소통을 아무리 강조한들, 사회 성원들이 흔쾌히 받아들일 수 있는 공동의 가치관이 협소하면 합의에 이를 가능성이 낮아지기 때문이다. 공유이념이 적을 때 토론은 상대 집단과 견해 차이를 확인하는 방식이 될 뿐이며 소통은 투쟁의 발화점 노릇을 할 뿐이다. 새로운 권력 집단이 '분배와 형평'을 새로운 기준으로 설정하더라도 오랜 기간 성장과 효율에 매진해왔던 사람들은 거기에 동의하지 않는다. 사회적 합의는 모든 사회 성원이 자발적으로 따르는 도덕적 권위이며 시민 윤리다. 그런데 한국에서는 개인의 자유/집단의 자유, 분배/성장, 형평/효율 등의 가장 중요한 원칙에 대해서도 의견 차이를 해소하지 못하고 있다.

사회적 합의를 어렵게 하는 세 가지 장애물이 있다. 첫째, 한국의 정치가 민주화되었음에도 법과 도덕에 대한 신뢰가 낮고, 둘째, 자유주의의 역사가 짧아 자유 이념을 실행할 교양시민층이 두텁지 않으며, 셋째, 이념투쟁에 돌입했을 때 서로를 비춰볼 원점, 회귀할 가치관이 없다.

여기에 한국인의 습속이라고 부를 수 있는 평등주의(egalitarianism)가 덧붙여진다. 불평등을 용인하지 않는 심성, 어떻게든 재산 축적과 신분 상승에서 낙오하지 않아야 한다는 불안감이 평등주의라고 한다면, 이 역시 원활한 사회협약을 방해하는 중대한 장애물이다. 평등주의는 조건의 차이에도 불구하고 타인과 동일한 보상, 동일한 기회, 동일한 대우를 향유하고 싶은 열망을 의미한다. 타고난 지위의 차이나 개인의 노력 여부를 떠나 '결과의 평등'에 매우 민감하다는 뜻이다. 성공한 자에 대한 질시는 '사회적 승인과 존경'의 철회를 낳았는데, 이는 곧바로 공정성 시비로 나아간다. 그러므로 늘상 더 나은 자, 더 성공한 자에 대한 인정과 존경의 철회가 일어나는 상태에서는 이질적인 집단과 계층 간의 협약이 성사될 리 만무하고 다수가 수용하는 공정성의 기준이 정립되기 어렵다.[27]

한국사회의 고유한 특성인 이런 장애물을 고려한다면, 도대체 대부분의 사회 구성원이 수긍할 수 있는 최상의 가치를 설정할 수 있는가? 필자는 가능하다고 생각한다. 그 가치는 바로 '실용적 자유주의(pragmatic liberalism)'이다. 실용주의는 이명박 정부에서 이미 채택한 개념이기에 약간 진부하다고 하겠지만 사실은 좀더 진지하게 따져볼 가치관이다.[28] 무정치, 무철학의 공간에서 실익과 공익의 개념이 증발된 결과 시민들이 대수롭지 않게 생각해서 그냥 버리는 결과를 가져왔다. 그런데 자유주의 이념의 역사가 짧고 사회적 기반이 취약한 상황에서 공정성을 둘러싼 소모적 논쟁을 줄이고 현실에 적합한 개념을 정립하는 데 필요한 자원이 바로 실용적 자유주의라는 점은 거듭 강조해야 한다.

---

27) 상세한 분석은 필자의 저서 《한국의 평등주의, 그 마음의 습관》, 2006 참조.
28) 필자의 논문 〈중도실용주의의 사회적, 정치적 디자인〉, 정정길 외, 《중도실용을 말하다》, 랜덤하우스, 2010.

▶▶난폭한 개인주의를 넘어 실용적 자유주의로

실용주의(pragmatism)는 자유주의의 발전 과정에서 뻗어 나온 철학사조 또는 세계관으로서 19세기 말 20세기 초 미국 사회와 자본주의를 바탕으로 형성·발전했다. 윌리엄 제임스(William James)와 존 듀이(John Dewey)는 자연과학적 사고방식과 합리성, 경험성을 도입하여 진리의 발견에 현실성, 실용성, 결과성을 중시하는 진리체계를 제안함으로써 유럽의 관념론 및 목적론 전통과 단절을 꾀했던 것이다.

진리 판단의 척도는 눈에 보이지 않는 신이나 관념이 아니라 인간에게 얼마나 유용한가에 관한 문제, 즉 실용성과 현실성이어야 한다. 실용주의는 경험 세계와 실제 세계에서 확인할 수 있는 것만을 문제시한다는 점에서 실증주의의 후손이며, 사물과 진리의 실용성과 결과성을 중시하고 이론의 실천성을 강조한다는 점에서 행동주의적이다. 명분을 버리고 공익과 실익을 판단의 기준으로 삼아야 한다는 점을 존 듀이는 이렇게 설명한다. "정치이론가들은 현재 진행되고 있는 사회의 제반 현상 속에 자신을 위치시켜 시민들로 하여금 당면한 문제들을 해결할 수 있도록 지혜를 발휘하고, 그들이 덜 맹목적으로, 덜 우연적으로, 더 지적으로 높은 수준의 방안들을 실행하도록 도움으로써 오류와 실수를 줄이고 성공의 혜택을 증진시킬 수 있어야 한다." 진리의 가치를 실용성 아래 두는 듀이의 철학은 때로는 도구주의라는 비판을 듣지만, 현실을 이념으로 재단하는 오류를 탈피하는 데에는 매우 유용한 시각이다. 이런 의미에서 실용주의는 특정 이념에 입각하여 공정성 논쟁을 벌여온 한국사회에 매우 유용한 논리체계이자 사상 자원이라 하겠다.

존 듀이는 자유주의자이면서 개인주의를 경계했던 급진주의자였다.[29] 당시 미국은 이른바 '난폭한 개인주의(rugged individualism)'가 대중의 지지를 얻던 시기였는데, 빈곤층과 노동자들도 개인의 불굴의 노력과 의지로 자본가로 상승할 수 있다는 자유주의의 극단적 신념이 팽배했다. 이들에게는 대공황의 극복을 위해 고안된 개입주의 정책이 사회주의의 모방으로 보였으며, 혁신주의자들이 미국의 정신을 팔아넘기는 사기극으로 여겨졌다. 듀이는 개인의 자유와 권리 신장을 위해서는 정치적 개입이 불가피하다고 보고 공동선이 전제되지 않는 자유주의는 성립되지 않는다며 '난폭한 개인주의'를 반박했다. 요즘 식으로 말하자면, 자유시장론자들에 대한 케인스주의적 저항이었던 것이다. 듀이가 설파한 실용주의 철학은 개인의 공공성에 비중을 두고 있다.

그가 공익을 최우선의 가치로 꼽은 이유는 개인과 공동체의 통합, 즉 '통합적 개별성'을 추구했기 때문이며, 이런 의미에서 개인은 공익에 최우선의 가치를 부여하는 '민주적 공중'이 되어야 한다. 공익과 실익을 최우선 가치로 설정한 통합적 개인을 상정해서 자유주의의 억압 요인과 대항하는 지성의 힘을 갖추게 하는 것이 듀이가 강조한 사회적 실천(social action)의 요체였다. 우리는 이를 '실용적 자

---

[29] 이하의 서술은 김진희, 《존 듀이: 자유주의와 사회적 실천》, 책세상, 2010, 해제 편 참조.

유주의'라고 명명할 수 있겠다.[30]

　1930년대 뉴딜 당시 존 듀이가 고전적 자유주의에 기초했던 미국의 공정성 개념을 어떻게 수정하려 했는지 짐작할 수 있을 것이다. 고전적 자유주의와 실용적 자유주의가 추구하는 공정성 개념은 효율과 분배, 개인과 공동체, 개인의 능력 및 의지와 국가의 제도적 보호 사이에서 대립선을 형성한다. 민주화 이후 한국에서 공정성 논쟁이 그렸던 궤적과 거의 유사하다. 투명사회, 신뢰사회, 법치주의, 원칙 중시 등 이명박 정부를 포함하여 앞으로 등장할 정권들도 이의 없이 수용할 이런 항목들은 구체적인 실행방식에 이르면 치열한 갈등을 유발하게 마련이다. 그런 의미에서, 잦은 정권교체와 권력 집단의 부침에도 불구하고 보편적으로 적용하고 언제든지 복귀할 수 있는 공공철학의 '거대 원리(macro principle)'를 정립하는 것은 한국사회에 던져진 시대적 과제를 실천하는 데에 가장 중요한 전제조건일 터다.

　실용적 자유주의는 보수와 진보진영 간의 이념적 정통성을 둘러싼 관념적이고 소모적인 논쟁을 줄여주며, 실익과 공익을 가장 중요한 기준으로 설정해주는 현실론적 가치관이다. 강대국에 둘러싸여 생존방식을 탐색해왔으며 이념투쟁으로 자주 국론이 분열되는 한국에서 구성원 간의 합의에 이르게 하는 공공철학을 정립하는 지혜다.

---

30) 김진희는 이를 급진적 자유주의(radical liberalism)로도 불렀다.

그들에겐 있고
우리에겐 없는

▶▶그들의 '일자리 정치'

　복지와 경제 민주화, 서로 충돌하는 이 난제를 동시에 풀기는 쉽지 않다. 사사건건 격돌과 몸싸움, 날치기 단독 처리로 문제를 해결해온 한국의 보수진영과 진보진영의 실력으로는 어렵다. 누가 대권을 잡든 차기 정권에서도 '원만한 합의' 또는 '한국의 미래상'을 십분 고려한 합의는 어렵다고 봐야 한다. 그렇다면 유럽은 어떻게 풀었을까? 세계에서 가장 안정된 삶을 영위해왔고 교섭과 합의를 통해 신뢰사회를 구축해왔으며 성장과 분배를 조화시키는 데에 성공한 20세기 유럽은 21세기의 난제를 어떻게 풀었을까?

　세계 여러 나라들과 마찬가지로 유럽 역시 지난 90년대 이후 20여 년간 시장과 자본주의의 거센 공세에 완전히 노출되었으며, 유럽의 자존심은 중대한 위협에 직면했다. 스웨덴에서 이탈리아까지, 네덜란드에서 헝가리까지, 전 유럽이 구조조정의 물결에 휩싸였다. 영국처럼 신자유주의로 완전히 탈바꿈한 국가도 생겨났고, 독일처럼 지난 연대의 유산 속에 중병의 징후가 짙어졌던 국가도 있었으며, 스웨덴처럼 그런대로 적응한 국가도 있었다. 유로존에 합병된 남부 유럽은 화폐가치의 급작스런 절상 덕분에 구조조정을 뒤로 미룬 채 달콤한 과실을 누렸는데 대가는 너무나 쓰라렸다. 구제금융! 경제대국 스페인은 이미 구제금융 사태라는 어두운 터널로 들어갔고, 그리스는 긴축과 대량 실직의 감옥 앞에서 떼를 쓰고 있으며, 포르투갈과 이탈리아는 이웃 나라의 불행을 목격하며 떨고 있다. 지난 10년 동안 구조조정에 성공한 국가는 살아났고(북부 유럽과 중부 유럽), 시대적 과제를 유보한 국가는 도탄에 빠졌다(남부 유럽). 냉혹한 결과다. 그런데 구조조정의 주요한 개혁 조치들은 대부분 '노동시장'에 초점을 맞추었다. '일자리'가 바로 복지와 기업 경쟁력을 연결하는 고리이기 때문이다. 합의된 미래는 '일자리 정치'에 있었다.

스웨덴이나 독일 같은 복지국가에서도 '무상복지' 개념은 없다. 복지에는 돈이 들고, 누군가 비용을 부담해야 한다. 부담하는 사람들이 있는 한 복지는 모두 '유상복지'다. 복지 재정이 필요한 것이다. 복지 혜택을 그냥 나눠준다는 말은 정치인들이 인기영합주의에 빠졌기 때문에 나온다. 아르헨티나의 페론은 군대를 동원해 공기업과 외국 기업을 몰수하여 빈민들에게 재산을 공짜로 나눠줬다. 무상복지다. 받을 때는 좋았으나 국가 재산이 모두 소비로 사라지고 생산은 줄어들었다. 다시 빈민 상태로 돌아가야 했다. 그리스 사태도 안드레아스 파판드레우 총리가 1980년대 10년간, 90년대 4년간 집권하면서 국가 경제력을 훨씬 넘는 '복지 파티'를 즐긴 것이 원인이 되었다. 경제발전은 뒤로 미룬 채 최저임금, 연금, 의료복지를 확대했고 소득재분배 정책과 빈곤 정책을 남발했다. 1980년대 말 소득 불평등이 현격히 줄어들었는데, 국가 재정의 거의 대부분을 복지에 쏟아 부은 결과였다. 1984년까지는 노동자 해고 금지 조치가 취해졌다. 노동시간 단축은 물론 소비력 증대를 위한 각종 혁신들이 단행됐다. 그러나 생산이 뒷받침되지 않았다. 유로존 참여는 화폐가치 절상 효과를 초래해 구매력이 급상승하는 단맛을 보았으나 결국 국가 전체가 유럽연합의 거대한 소비시장으로 전락했다. 물가 앙등으로 관광 수입이 급감하자 국가 재정은 적자 행진을 계속했고 급기야 파산지경에 몰렸다.

이렇게 보면, 일자리는 실용적 자유주의가 지향하는 복지체제의 중심에 위치한다. 이는 복지의 궁극적 목표를 기업 경쟁력 강화를 통해 완전고용을 달성하는 데에 두었던 사민주의와도 상통한다. '완전고용'이 바로 복지국가의 목표다. 그러나 자본주의의 아킬레스건인 완전고용은 이론상 불가능한데, 복지국가 스웨덴도 바로 이에 대한 도전에서 성공한 적이 없다. 오히려 독일을 위시하여 중부 유럽보다 약간 높은 실업률을 유지했을 따름이다. 이른바 '복지국가의 황금기'로 불리는 1960~70년대에도 5~7퍼센트대의 실업률을 보였으며, 이후에도 취업률 증대에 실패했다. 일자리가 기대만큼 창출되지 않았던 것이다.

실업률 하락을 위해 고안된 것이 적극적 노동시장정책(Active Labor Market Policy, ALMP)이다. ALMP는 취업자와 실직자를 관리하는 노동시장 제도로서 특히 실직자의 생계 보호와 재훈련, 재취업에 모든 조직 역량을 투입한다. 스웨덴의 ALMP에 수용되는 인원은 약 50만 명으로서 경제활동인구를 650만 명으로 잡았을 때 7.6퍼센트가 국가 관리 아래 생업을 계속하는 셈이다. 노동시장국(ABS)은 실직자의 재훈련, 재취업을 모두 책임지며, 이 기간 동안 기존 월급의 90퍼센트를 지급하고 취업 비용을 제공한다.

독일에서도 ALMP가 시행된다. 뉘른베르크에 본부를 둔 연방고용청이 바로 노동시장정책의 사령탑이다. 전국에 600여 개의 지부가 산재하여 실직자의 재훈련과 재취업을 관리하는데, 실업수당과 함께 가족의 생계에 필요한 각종 수당이 지급된다. 연방고용청의 정책 실행에는 노동조합 대표가 참여하여 실직수당 및 각종 혜택의 제공 여부를 결정한다. 공동 결정의 정신이 정부가 시행하는 노동시장정책에도 그대로 관철되는 것이다. ALMP는 복지국가를 구성하는 하나의 정책 영역에 불과하지만 복지가 일자리 중심으로 작동한다는 점에서 전체를 움직이는 중심축에 해당한다.

복지국가의 요체는 일자리에 있다. 일자리는 복지가 생산되고 전달되는 통로다. 한국의 복지 담론은 바로 이 복지방정식의 기본 전제를 놓치고 있다. 유럽의 복지 담론이 생산적 관점에 기반을 두고 있다면, 한국의 복지 담론은 소비적 관점에 서 있다. 복지는 물질적 혜택과 현금 혜택으로 구현되는데 생산성 향상이 전제조건이다. 생산성 향상은 기업 경쟁력의 강화로 나타나고 기업의 지불능력을 높여 취업 안정을 가져온다. 노동자가 무엇보다 원하는 것이 취업 안정이다. 실직과 해고는 노동자의 무덤이기 때문이다.

사민주의 국가의 노동조합은 해고와 실직이 노동조합의 세력 약화를 초래한다는 것을 터득했다. 자본과의 대결에서 세력 약화는 힘의 불균형을 의미하기 때문에 임금을 양보해서라도 일자리를 지키는 쪽이 낫다는 역사적 교훈을 얻은 것이다. 임금 양보는 기업 경쟁력 강화로 이어지고 취업률 상승을 낳는다. 임금 양보와 고용안정/채용 확대를 동시에 성사시키기 위해 국가가 제공하는 유인책이 사회임금으로서의 복지다. 그런데 한국에서는 복지 논의가 이런 논리에서 한참 벗어나 있다.

한국의 복지제도, 특히 사회보험은 고용을 전제로 주어졌다 (employment-based entitlement). 취업을 하지 못하면 사회보험을 받을 자격이 없었다. 애초에 제도가 그렇게 설계된 것이다. 유럽과 비교하여 한국 복지체계의 특징을 대체로 열 가지로 지적할 수 있다.

① 고용을 전제한 자격 요건: 고용이 없으면 복지도 없다. 시민의 기본권인 4대 보험이 그렇다.
② 제도의 분절성: 복지정책이 상호 연계성이 떨어지고 프로그램 다발로 되어 있다.
③ 남성 생활자 위주: 남성 경제활동인구 중심으로 편성되어 있다.
④ 낮은 소득대체율: 소득을 보전하는 비율이 낮다.
⑤ 제한적 수혜: 복지 혜택이 미미하다.
⑥ 자산/소득 조사: 재산과 소득을 조사하여 혜택의 크기가 결정된다.
⑦ 사회 서비스 미약: 사회 서비스가 표적집단 중심으로 편성되어 있다. (예: 노인, 여성, 아동, 장애인).
⑧ 소극적인 노동시장정책: 노동시장정책이 매우 취약하다.
⑨ 빈곤정책의 취약성: 기초생활보장법 수혜자가 한정돼 있다.
⑩ 공공부조 빈약: 절대빈곤층, 상대빈곤층에 주어지는 혜택이 적다.

이런 이유로 한국의 복지체제에서 고용과 일자리가 중시될 수밖에 없다. 비용 절감을 이유로 복지가 취업자에게 먼저 주어지고, 비취업자와 미취업자에게는 단계적·제한적으로 허용됐다. 또 700만에 달하는 자영업자들이 공공복지에서 완전히 배제되었다. 그래서 복지를 취업자와 비취업자로 구분하여 생각해봐야 할 필요가 생긴다. 아무튼 복지가 취업자에게 실익(實益)이라면 공익(公益)은 무엇인가? 실익을 챙기는 개인은 공익 증진에 어떤 기여를 할 수 있는가? 사회보험의 공여는 취업자에게는 노동력 재생산을 원활히 한다는 의미가 있다. 그리고 기업은 사회보험비를 납부해주는 대가로 생산성 향상을 기대한다. 이런 경우, 노동력 재생산이 실익이고, 생산성 향상이 공익이다. 양자의 선순환이 순조로울 때 점치 증진되는 고용안정 역시 공익이다. 실익과 공익이 일자리를 중심으로 모아지듯, 복지와 경제 민주화도 일자리에서 합치된다.

재벌기업의 노사가 이익금 할애와 임금 양보를 통해 하청 협력기업 노동자들의 임금을 보전하고 고용을 안정시키기 위해 공적 기금(public fund)을 만든다면 경제 민주화의 중요한 계기가 된다. 앞서 소개하였듯, 일찍이 스웨덴의 대기업 노사가 결성하여 성공적으로 운영한 생산성 동맹(productivity coalition)이 그 예다. 생산성 동맹은 연대임금 정책의 조직 기반이었다. 복지와 경제 민주화가 동시에 실현되는 생산현장의 조직 기제인 것이다. 이런 방안을 창안하는 것은 정치의 몫이다. 바로 그래서 '일자리 정치'가 중요하다.

다시 말하지만, 복지와 경제 민주화를 작동시키는 생산현장의 조직과 구체적 기제가 필요하다. 그런데 한국의 경우 '일자리 정치'라는 복지의 가장 중요한 설계가 빠져 있다. 새누리당과 민주통합당이 내놓은 공약을 보면, 새누리당은 '일자리 창출'을, 민주통합당은 '좋은 일자리 창출과 비정규직 차별 해소'를 1순위 공약으로 제시했다. 일자리가 중요하다는 점을 인지한 것은 대단히 고무적이다. 그런데 대체로 '프로그램 다발'이다. 2012년 한국의 복지체계에서 우선 시급한 프로그램들을 정당의 이념 성향에 맞는 것을 선별해 모아놓은 것이다. 새누리당은 청년, 장년, 노년층의 취업 기회 확대와 워킹맘(working Mom)에 대한 지원 대책을 세분했고, 민주통합당은 아예 고용률의 증진, 비정규직의 정규직화와 차별 해소, 고용보험의 확대와 노동 기본권의 신장, 정리해고 요건 강화, 그리고 적극적 노동시장정책 등 포괄적인 대안을 내놓았다. 일자리 정책에서 민주통합당안이 새누리당안보다 더 포괄적이고 한 단계 진전된 것으로 보인다. 그러나 실행 기제가 없다면 실현 가능성은 낮아질 수밖에 없다. 예를 들어, 일자리 나누기는 정규직 노동조합의 승인을 얻어야 가능한데 아예 법정근로시간을 초과하지 못하도록 법률로 강제한다는 계획이다. 독점 이익의 최대화에 매진해온 대기업 노동조합이 비정규직을 위해 일자리 나누기에 선뜻 동참할까? 회의적이다.

'프로그램 다발'이란 성격은 다른 영역의 공약에서도 비슷하게 나타나지만 한국의 복지정책을 특징짓는 중대한 결점이었다. 예를 들어 빈곤정책이 쟁점화되면 각 부처에서 경쟁적으로 프로그램을 개발해 시행한다. 신문보도에 의하면, 절대빈곤층에 주어지는 각종 복지 혜택은 기초생활보장법이 규정한 혜택 말고도 무려 30여 가지에 달한다. 무분별한 난개발과 다를 바 없다. 일자리 관련 '프로그램 다발'을 실행하는 데에 새누리당은 년간 1조 3000억 원을, 민주통합당은 1조 1400억 원을 추가예산으로 제시했다. 다시 말하자면 시스템 예산이 아니고 프로그램 예산이다. 인구가 우리와 비슷한 독일은 일자리 관리 정책에 30조 원, 인구가 우리의 5분의 1인 스웨덴은 5조 원가량을 투입한다. 한국은 그냥 시늉만 내는 정도다. 일자리 프로그램의 경우 전문가라면 누구나 좋은 아이디어를 낼 수 있다. 정당은 프로그램 개발자가 아니라 시스템 개발자여야 한다. '일자리 정치'를 하는 사람은 '복지 투여=기업 경쟁력 향상=고용안정'이란 등식을 실현하는 시스템 개발자다.

일단, 이 점을 기어해두자. 프로그램은 많고 중요해 보이지만 예산은 늘려봐야 고작 3조원 정도에 머물러 복지 비중으로 보면 '무상급식'보다 낮고 무상보육에 비해서는 아무것도 아니다. 앞서 지적했듯 독일과 스웨덴은 ALMP에 GDP의 1퍼센트를 할애하고 있는데(독일의 GDP는 3000조 원, 스웨덴은 500조 원), 여기에 실직수당과 각종 혜택을 합하면 GDP의 5퍼센트를 훌쩍 넘는다. 복지의 핵심 뇌관에 해당하는 '일자리 정치'를 한국에서는 얼마나 홀대하는지를 금방 알 수 있을 것이다. 더욱이 복지와 경제 민주화는 일자리를 통해 실현된다고 했는데, 한국에서는 복지와 경제 민주화가 따로 논다. 이런 이유로 개별 프로그램으로 실행되고 쟁점이 불거질 때마다 각기 다른 형태의 이념투쟁이 일어난다.

▶▶**우리의 프로그램 다발들**

한국에서 '일자리 정치'가 얼마나 따로 노는지를, 영역별로 경제주체들이 어떻게 서로 충돌하는지를 살펴보자. 일자리 정치는 세 영역으로 구성된다. 바로 '일자리 만들기(job creation)' '일자리 지키기(job protection)' '일자리 나누기'이다. 이 세 영역이 서로 맞물리면서 원활하게 돌아가야 복지의 가장 중요한 목표이자 원동력인 '고용안정'이 이루어진다. 고용안정이 보장되지 않고 좋은 직장이 공급되지 않을 경우 복지는 모래성에 불과하고, 궁극적으로는 국가 재정과 경제를 갉아먹는다. 이런 의미에서 세 요소로 구성된 일자리 정치를 복지의 '제1방정식'이라 부른다.

정치권은 머리를 짜내 여러 가지 메뉴를 개발하기는 했다. 우선, '일자리 만들기'에서는 대체로 창업 지원, 고용지원센터 활성화, 취업 성공 패키지 사업 확대(새누리당), 청년고용 의무할당제, 복지 서비스 일자리 창출, 공공고용 확대(민주통합당)를 열거했다.[31] 대체로 언젠가 들어본 듯한 프로그램들이다. 그런데 정작 중요한 사실을 빠뜨렸다. '일자리 만들기'의 주역은 정부가 아니라 기업이라는 점이다. 특히 사회적으로 부러움을 사는 좋은 직장은 재벌과 대기업이 만든다. 정부가 만드는 일자리는 한정돼 있다. 복지사 같은 사회 서비스 직종이 정부가 일자리를 창출할 수 있는 가장 흔한 영역이고, 청년 취업의 경우 기업에 약간의 법적 강제조항을 부과하더라도 정부

---

31) 새누리당은 〈새누리당의 진심을 품은 약속〉, 민주통합당은 〈내 삶과 대한민국을 바꾸는 민주통합당의 정책 비전〉에 정책 대안을 집약했다. 각 당 홈페이지.

의 역할은 지원하는 데 그친다. 한국이 유럽에 비하여 정부가 창출하는 사회 서비스 직종 비율이 낮은데 이것을 늘리려면 복지 서비스를 그만큼 늘려야 한다. 어떤 국가이든 '일자리 만들기'에서 정부의 역할은 미미하다. 국가가 적극적으로 달려들더라도 전문성을 요하는 복지 관련 직종을 제외하면 시간제, 계절제, 공공취로사업, 말단 서비스업 일자리를 만들 수 있을 뿐이다. 따라서 '일자리 창출의 주역은 기업'이라는 사실이 이 분야 공약의 가장 중요한 전제조건이다. 이는 앞에서 지적한 바, 산업정책, 기업정책, 경제정책이 서로 맞물려야 실현 가능해진다. 이른바 '거시경제정책(macro-economic policy)'과 동반되어야 일자리를 창출할 가능성이 높아진다.

기업 경쟁력 강화를 빼놓고 무작정 일자리 창출을 약속할 수 없다. 세계경제의 변동에 맞추어 적절히 시행하는 환율정책, 민간 부문에서 자주 발생하는 중복투자와 과다경쟁의 폐단을 줄여주는 산업 합리화 정책, 내수 진작을 위한 재정정책, 투자와 소비 촉진을 위한 이자율정책과 조세정책이 모두 이것과 관련돼 있다. 한마디로 차세대 성장동력을 어떻게 창출할 것인가로 집약된다.

21세기 한국의 성장동력은 어디에서 나오는가, 그리고 어느 영역에서 더 치고 나가야 하는가? 이를 위한 성장 설계도는 무엇인가? 국가 주도에서 민간 주도로 경제 패러다임이 바뀐 한국의 자본주의 체제에서 국가는 올라운드 플레이어(all-round player)에서 조정자(coordinator)로 바뀐 지 오래다. 그러나 할 일이 없지는 않다. 발전 방향 제시, 환경 조성, 규제완화, 정보 제공, R&D 정책 수립, 인력 배양 등 직접 경제성장 전선에 나섰던 과거의 '발전국가(development state)'보다 훨씬 더 정교한 조정과 지원이 요청된다. 시장경쟁을 해치지 않으면서 취약점을 보강해주는 것이다.

무엇보다 한국은 제조업 강국이라는 사실에서 출발할 필요가 있다. 세계에서 한국 정도로 제조업 포트폴리오를 골고루 갖추고 있는 나라를 꼽으라면 독일, 프랑스, 일본 정도다. 독일은 조선업이 없고, 프랑스는 IT산업이 취약하다. 한국의 약점은 서비스업, 그것도 의료, 보건, 법률, 컨설팅 같은 첨단 지식 분야다. 그렇다면 일자리 만들기는 제조업 경쟁력 강화와 고급 서비스 산업에서 해법을 모색해야 한다. 그런데 여당 야당 할 것 없이 정치권은 복지와 경제 민주화의 동력을 생산하는 이 영역을 아예 내팽개쳤다. 정책 메뉴에서 이런 성장정책을 눈 씻고 찾아봐도 없다. 민주통합당이 IT산업을 일궈낸 김대중 신화를 계승하고자 'ICT 산업'(정보 커뮤니케이션 테크놀로지)의 부활을 슬로건으로 제시하고 있는데 이 정도가 눈에 띌 뿐이다.[32] 대신 재벌개혁과 중소기업 살리기를 골자로 한 '경제 민주화'가 이 자리를 채웠다.

'중소기업 살리기'와 ICT산업의 활성화가 이론적으로는 일자리 만들기에 기여하겠지만, 좋은 일자리를 만들 수 있다는 보장이 없고 비중도 낮다. 결국 재벌 중심의 한국 경제에서 '일자리 만들기'는 우선 대자본의 성장정책과 맞물릴 수밖에 없다는 딜레마에 직면한다.

---

32) 이런 점에서 통합민주당이 세밀하게 제시하는 과학인력 양성과 특허 지원 방안은 매우 고무적이다.

이는 한국의 성공신화가 선사한 반대급부다. 아무튼 재벌과 대기업에 대한 '온건 개혁'(새누리당)과 '강도 높은 일대 혁신'(민주통합당)이 일자리 창출로 '반드시' 연결될 것인가? 앞에서 필자는 경제 민주화가 필요하다고 지적했다. 그런데 경제 민주화를 향한 강력한 개혁 조치들을 일시에 시행하면서 동시에 목을 비틀어서라도 일자리를 만들라고 강요할 것인가?[33] 우리는 대자본의 해외 이탈을 막을 방법이 없다. 재벌과 대기업의 팔과 목을 비틀면 그들은 해외투자라는 손쉬운 탈출구를 택할지도 모른다. 독일에서는 지방자치체가 자기 지역에 있는 유명 기업의 지분을 사서 해외로 나가는 것을 합법적으로 막는다. 우리는 그냥 애국심에 호소하거나 이념에 기반한 통제에 의존할 뿐이다.

이렇게 보면, 민간기업에 대한 조정자, 지원자로서 움직일 공간은 넓지만, 정부가 직접 만들 수 있는 일자리는 극히 제한돼 있다. 오히려 '일자리 지키기'에서 정부의 자율성이 더 크다. '일자리 지키기'와 '일자리 나누기'에서 새누리당은 소극적인 반면, 민주통합당은 진보정당답게 여러 프로그램을 약속했다. 세계 어느 곳에서나 보수당은 대체로 노동시장 개입을 최소화하는 것을 원칙으로 삼는다. 새누리당 역시 마찬가지다. 새누리당은 여성 취업, 정년 연장과 임금피크제, 퇴직자와 장년층 재취업, 고령자와 저소득층 취업 기회 확대 등을 내놓았지만, 이것들은 주변적 지원 정책이지 적극적 개입 정책은

33) 재벌개혁과 중소기업 살리기를 경제 민주화 범주에 넣으면 민주통합당안은 줄잡아 50여 개, 새누리당안은 20여 개 규제 조항을 열거하고 있다.

아니다. 일자리 공급에 비중을 두겠다는 것인데 만약 경기침체로 인해 일자리 공급이 줄어들면 노동시장의 양극화는 더욱 심화된다. 세계화가 청년, 미숙련 노동자, 여성 노동자에게 불리한 영향을 미치는 현실에도 불구하고 고용 지원 외에 고용체제의 구조 개혁에 관련한 적극적 대안을 내놓지 않는다면 기업 프렌들리 정당이라는 비난을 들어 마땅하다. 한국사회의 최대 쟁점 중 하나인 비정규직 문제에도 소극적이어서 이에 관해 공기업에는 의무 규정을 두게 하고 민간기업에는 단지 정규직화를 권장하는 '권고 사항'을 제시할 뿐이다. 일자리 나누기도 권고 사항이다.

이에 비하면 민주통합당은 매우 공세적이고 개입주의적이다. '일자리 지키기'와 '일자리 나누기'에 관한 한 의욕적이고 포괄적인 기획을 내놓았다. 정리해고 요건 강화, 비정규직 차별 해소, 한국형 실업부조 도입, 비정규직의 정규직화, 정년 연장과 고령자 고용 활성화, 노동시장정책 강화 및 고용보험의 적정화 등이다. 이 정도면 유럽의 '적극적 노동시장정책'의 한국판이라 할 만하다. 그런데 이것이 제대로 작동하려면 삼박자가 맞아야 한다. 바로 국가의 노동시장기구의 역할, 자본의 참여 의지, 노동의 세력화이다.

한국의 노동시장기구는 거의 초보 단계에 머물러 있다. 독일의 노동시장을 관할하는 연방고용청은 전국에 600여 개 지부를 두었고 스웨덴에서는 지자체 구 단위로 노동시장국 지부를 운영한다. 독일의 경우 연방고용청 1개 사무소가 인구 10만 명을 관리하고 있으므로 한국은 500개소를 운영해야 독일과 비슷한 수준에 도달한다. 그런데 우리의 노동사무소는 전국 46여 군데에 있고 고용센터도 70여 군데에 불과해 14년 전 외환위기 때 급조한 수준에서 한 발짝도 나아가지 못했다. 한국의 실직자들은 노동사무소가 어디에 있는지 모르고, 노동사무소 역시 관할 지역 내에 누가 언제 실직을 당했는지 관련 정보가 미비하다. 이런 형편이니 청년, 퇴직자, 고령자를 위한 프로그램을 만들어도 언제, 어디서, 어떻게 실행되는지 누가 알 수 있으랴. 실직자가 애써 찾아가 취업 프로그램을 열심히 이수한다 해도 취업을 적절히 알선하는지 의문이다. 한국의 실직자들은 노동사무소, 고용센터, 직업훈련원을 통해 재취업을 시도하기보다 친지와 친척 등 개인의 인맥을 활용하는 쪽이 더 낫다고 믿는다.

 노동의 세력화와 자본의 참여 의지는 서로 맞물려 있는 두 개이 톱니바퀴다. 민주통합당이 제시한 정책 대부분은 자본의 승인 없이는 불가능하다. 신자유주의 시대에 모든 기업은 노동유연성을 생명선으로 여긴다. 기업 사정이 악화되면 정리해고를 단행하는 것을 흔히 볼 수 있다. 이런 마당에 어떤 기업이 정리해고 규제 조치를 기꺼이 수용할까? 정리해고 규제가 법적으로 강화되면 비정규직은 결코 줄어들지 않는다.

 비정규직이 모든 리스크를 감당하는 완충지대로 활용되기 때문이다. 비정규직은 자본에 정리해고 자율권을 부여한 1998년 노동법 개정을 계기로 급증했다. 비정규직을 정규직 고용안정의 완충지대로 써먹기로 자본과 정규직 노동조합이 공모한 결과였다. 1996년 이래 경쟁력이 매우 높은 대기업에서 민주노총은 정규직 노동자의 강력한 울타리가 되었는데, 비정규직 노동자들에게 이곳은 결코 들어갈 수 없는 성이었다. '일자리 지키기'가 주로 성안에 거주하는 정규직 노동자들의 보호 장치였다면, 이를 성 밖의 비정규직 노동자들에게 확대·개방하는 조치를 자본과 노동조합이 환영할 것인가? 더욱이 '일자리 나누기'는 성안의 노동자들이 스스로 줄인 노동시간을 성 밖의 노동자들에게 나눠줌으로써 노동자 일반의 고용안정을 꾀하는 자구책인데 정규직 노동자들이 이를 허용할까? 노동조합의 균열과 낮은 조직률, 전투적 성향, 독주하는 자본, 노동을 배제해온 국가, 이런 악조건을 다스리고 개선하는 것이 더 시급한 사안이다. 불가능하진 않지만, 실현 가능성을 높이려면 선행조건들을 살펴봐야 한다는 뜻이다.

통합진보당이 이른바 주사파에 의해 장악됨으로써 이런 정책의 실행은 더욱 어려워졌다. '30개 재벌을 3000개로 쪼개자'는 주사파의 총선 슬로건이 입증하듯, 자본을 잘게 쪼개 민중이 통제하는 것이 목표다. 주사파에겐 미제의 주구인 자본과의 투쟁에서 노사 타협이란 개념은 없다. 조직 노동자를 주도하는 민주노총이 통합진보당의 주력부대를 형성하는 상황에서 민주통합당이 아무리 그럴듯한 설계도를 내놓아도 정당과 노동조합의 연대가 불가능하다면 일자리 지키기와 일자리 나누기는 이상적인 꿈이다. 한국의 노동정치가 이 지경이 됐다. 복지의 핵심 뇌관인 '일자리 정치'가 얼마나 빈약한지, 그리고 실현 가능성이 얼마나 낮은지를 알 수 있는 세 가지 점을 지적하자.

첫째, 민주통합당은 5년간 330만 개의 일자리 창출을 공약했다. 연간 경제성장률 4.0퍼센트를 유지한다면 가능하다는 것이다. 그러면서 일자리 창출의 주역인 기업에 대해서는 감세 철회, 대법인 증세, 재벌기업 법인세 강화 등 '증세정책'을 경제 민주화의 주요한 대안으로 제시했다. 시민들의 조세부담률을 2017년까지 21.5퍼센트로 상향 조정한다는 것이다(여기에 4대 보험료를 더하면 27퍼센트다). 복지 재정을 충당하려면 증세정책을 펴야 하는데, 대기업과 중견기업이 일자리 창출도 하고(연간 66만 개), 정리해고는 마음대로 못하고, 세금은 더 내라는 민주통합당 공약을 순순히 따를 것인가. 따를 의지가 있더라도 그것이 가능한가는 별개의 문제다. 일자리 정치는 당근과 채찍을 동시에 활용해야 성공한다. 민주통합당안은 당근 없는 채찍이 될 개연성이 높다.

둘째, 민주통합당이 ALMP의 항목들을 도입한 것은 환영할 일이지만, 앞서 지적했듯이 매우 빈약한 상태인 노동시장기구를 정비하는 것이 급선무다. 뿐만 아니라 '고용보험의 적정화'는 사실상 취업자와 실직자들에게는 무엇보다 중대한 '일자리 정치'다. OECD가 발표한 '고용전망 2011(Employment Outlook 2011)'에 따르면 실직 1년차가 받는 급여가 평상급여의 30퍼센트에 불과해 한국의 고용보험은 OECD 국가 중 꼴찌를 면치 못했다. 더욱이 2년차에는 거의 아무런 혜택도 받을 수 없게 되어 실직자들은 절대빈곤층으로 전락할 위험이 크다. 고용보험 사각지대에 놓인 대상자들이 1336만 명에 달한다는 사실은 앞에서 지적했다. 민주통합당은 '고용보험의 적정화'로 이런 현실을 타개하려 하지만, 여기에 필요한 엄청난 재정을 어떻게 조달할지, '일자리 정치'라는 큰 틀로 복지와 경제 민주화를 어떻게 묶어낼지를 도무지 알 수 없다.

셋째, 비정규직의 정규직화에는 대기업 노동조합의 '일자리 나누기'가 가장 절실하다. 그런데 초과근로수당이 월급에서 차지하는 비중이 20~30퍼센트를 넘는 현실에서 누가 그것을 포기할 것인가? '노동연대'는 독점 이익의 극대화를 위해 대기업 노동조합끼리 결성한 것일 뿐, 중소기업은 물론이고 비정규직도 여기에서 배제되었다.

다시 강조하건대, 비정규직이 전체 노동자 1771만 명 중 49퍼센트인 865만 명까지 치솟은 이유는 민주노총의 정치세력화 전략에서 비롯되었다. 1996년 설립 당시 노동당 창설이라는 우선 목표를 설정했던 민주노총은 노동조합의 내부 동질성을 높일 필요가 있었고, 이런 전략에 따라 하도급 기업의 노동자들은 일단 배제했다. 이 문제는 민주노동당이 중앙무대로 진출한 이후 유보되었는데, 2002년 이후 민주노총과 민주노동당이 비정규직 문제 해결에 적극 나섰지만 경기침체와 자본의 저항으로 계속 무산되었던 것이다. 대기업 노동조합(민주노총), 중소기업 노동조합(한국노총), 비정규직 연합으로 삼분된 구조에서 노사합의 기구를 설립하여 정착시키기는 무척 어렵다. 이런 까닭에 복지를 생산성 동맹으로 승격시키는 고품격 노동정치를 기대할 수 없는 것이다. 그래서 '일자리 정치'가 필요하다.

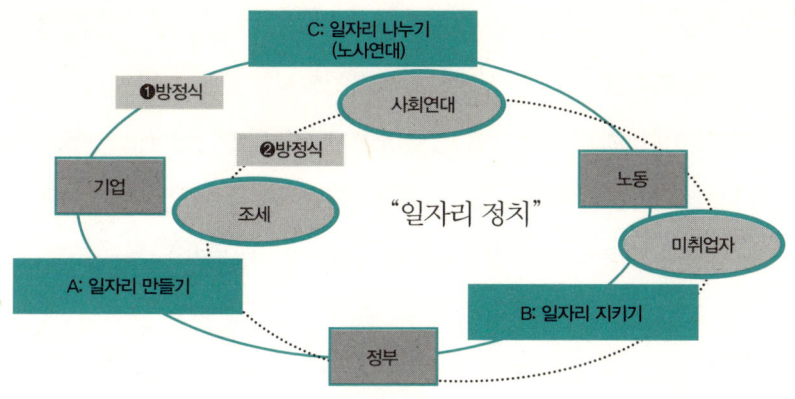

▶▶일자리 정치, 두 개의 방정식

5장에서 소개한 '경쟁적 복지국가'는 고용, 복지, 성장의 선순환 과정을 실현하는 복지체제로서 '일자리 정치'를 중심축에 둔다. 기업에는 경쟁력 강화에 비중을 둔 거시경제정책과 조세정책을 시행하고, 이를 노동 부문의 '노동시장정책'과 연계하여 양자의 선순환 과정을 관할하는 것이다. 조세정책-공공복지-노동시장정책의 연계망이 경쟁적 복지국가의 중심축이다. 기업 경쟁력 강화와 고용 창출을 전제로 해야 국가 재정이 탄탄해지고, 재정 안정성을 바탕으로 취업자뿐 아니라 비취업자들에게도 보편적 형태의 복지를 공여할 수 있다.

경쟁적 복지국가 모델은 서로 연결된 두 개의 원으로 이뤄진다. 그림이 보여주듯 취업자와 비취업자를 서로 엮어주는 두 개의 동심원인데(❶과 ❷), 굵은 실선 원이 복지국가를 작동시키는 복지 재정의 원천이자 경쟁력 증진의 축인 '일자리 정치'이다(❶). 이는 주로 취업자를 대상으로 한 정책 영역으로 복지의 '제1방정식'에 해당한다. 뒤에 연동된 점선 원은 비취업자를 관할하는 정책 영역으로 '제2방정식'이다(❷). '제1방정식'이 원활하게 작동해야 '제2방정식'이 매끄럽게 돌아간다. 비취업자를 위한 보편적, 선별적 복지 재정이 취업자 영역에서 나온다는 의미에서 제1방정식인 '일자리 정치'는 복지국가의 엔진이다.

'일자리 정치'는 이른바 양손 정책(two-handed approach)의 결합이다. 양손 정책이란 기업에 대해서는 거시경제정책(macro-economic policy), 노동자에 대해서는 노동시장정책/복지정책을 동시에 적용하는 것을 뜻한다. 그래야 복지와 경제 민주화를 일자리 정치에서 실현시킬 수 있다. 먼저 '제1방정식'인 취업자 중심의 '일자리 정치' 구조를 살펴보자(❶ 실선 원).

▶▶A: 일자리 만들기

기업이 일자리를 잘 만들 수 있게 하는 정부의 '거시경제정책'에는 경기 활성화 대책, 산업정책, 조세정책, 세금 지원 등이 포함된다. 경제 민주화에 관련된 대부분의 조항이 여기에 포함되는데, 재벌의 소유구조 개혁, 금산분리, 순환출자 금지, 총수 일가의 윤리 경영 및 처벌 조항 강화 등은 이상적이기는 하지만 대기업의 시장 경쟁력을 급격히 떨어뜨리고 성장 동력을 훼손할 우려가 있으므로 신중을 기해야 한다. '규제와 유인'이 적절히 배합되어야 한다.

이념적 잣대만을 들이댈 일은 아니다. 국민 정서를 부정적 공간으로 몰아가는 '분노의 정치'가 당장은 유리할지 모르지만, 장기적으로는 한국을 몰락의 길로 몰아갈지도 모른다. 무엇을, 어떻게, 어느 정도 추진할 것인가에 대한 정치적 결정은 기업이 일자리 만들기의 주역이라는 자본주의의 기본 명제에서 출발할 필요가 있다. 필자는 재벌그룹 기업별로 복지체제의 패턴 세터가 되도록 유인하는 것이 현실적이라고 지적했는데, 이 과정에서 경제 민주화의 주요 항목인 하도급 중소기업과의 불공정 거래, 납품단가 부당 인하, 내부거래와 일감 몰아주기 등 잘못된 관행을 점진적으로 시정해나가는 단계별 조치들을 시행할 수 있을 것이다. 재벌 대기업과 중소기업의 상생 울타리를 형성하는 방안은 여럿인데, 히든 챔피언(hidden champion)으로 불리는 독일의 중견기업들을 대지본이 어떻게 지원했는가를 벤치마킹할 필요도 있다. 정부는 시의적절한 거시경제정책을 세워 이런 방안을 도입해야 한다.

▶▶B: 일자리 지키기

이것이 적극적 노동시장정책이다. 적극적 노동시장정책은 실업정책, 재훈련, 재적응, 취업 알선으로 구성된다. 취업자의 고용안정을 위한 제반 조치들과 복지 혜택, 비정규직 보호 법안들, 정리해고/채용 관련 규정, 실업정책과 고용보험이 여기에 포함된다. 한국의 고용보험은 특히 취약하다는 것은 앞에서 지적했다. 수혜자가 대상 인원의 겨우 40퍼센트에 불과하고, 실직수당도 평균임금의 30퍼센트를 8개월간 지급할 뿐이며, 이후에는 무대책의 나락으로 떨어지는 것이 현실이다. 고용보호 규정을 얼마나 강도 높게 적용하는가, 비정규직의 정규직화를 어떤 규모로 할 것인가 등이 적극적 노동시장정책 시행 과정에서 결정된다. 청년 취업과 장년층 재취업 프로그램, 여성 노동자 보호 조치, 실직자 재훈련과 재취업 프로그램 들이 작동되는 곳이다. 세계화 시대에 돌입해 '고용 유연성'이 키워드인데 시간제·계절·한시적 취업자를 위해 덴마크의 '황금의 삼각형'을 고려할 수 있겠다.

자영업자의 훈련도 여기에 포함된다. 프랑스는 자영업 희망자들에게 성공 가능성을 높이기 위한 특별한 사전 교육을 실시하는 것으로 유명하다. 한국이 가장 취약한 영역이 바로 노동시장정책임은 누차 지적한 바 있다. 지금은 노동시장기구가 매우 미약해서 실직자와 취업자들을 체계적으로 관리하지 못하며, 대량 해고가 발생했을 때에도 노동시장정책 영역에 수용하지 못하고 방치하는 현실이다. 이런 제도적 인프라가 없는 상황이라면, 경제 민주화를 아무리 외쳐도 항상 해고와 실직 위험에 노출된 취약계층은 실제 효과를 체감할 수 없다.

▶▶C: 일자리 나누기

10만 명을 고용한 독일의 폭스바겐은 1994년과 2004년에 유례없는 위기를 겪었다. 적자 누적으로 도산 위험에 처한 것이다. 경영자는 3만 명을 정리해고 리스트에 올렸다. 그런데 노동조합이 '일자리 나누기'를 제안했다. 정리해고를 철회하는 대신 노동시간을 20퍼센트 단축하고 임금을 16퍼센트 깎는 데에 합의한 것이다. 노동시간 계좌제도 도입했다. 생산량 감산으로 줄어든 노동시간을 경기 회복 시에 초과노동으로 갚는, 노동시간을 탄력적으로 운영하는 제도를 운용해 임금은 변동되지 않았다. 2004년엔 이런 아이디어를 한층 발전시킨 '아우토 5000 프로젝트'를 가동해서 별 탈 없이 위기를 넘겼다. 정리해고도 없었다.[34] 폭스바겐이 고급차 시장의 강자로 떠올랐던 배경에는 일자리 나누기가 있었다.

한국의 현대자동차도 2009년 중대한 노사합의를 했다. 자동차산업의 고질병인 밤샘노동을 줄이기 위해 주간 연속 2교대제로 바꾸기로 한 것이다. 그런데 노동시간 단축에 따른 임금감축안이 합의되지 않아 시행이 불투명한 상태다. 일자리 나누기에는 노동연대가 필요하다. 정규직의 초과노동을 비정규직에게 양보하면 임금격차가 줄어든다. 우리의 경우, 밤샘작업을 하는 노동자는 전체 노동자의 15퍼센트 정도(약 200만 명), 일주일에 52시간 일하는 장시간 노동자는 최대 30퍼센트(약 400만 명)에 이르는 실정이다.[35] 노동시간을 양보하지 않은 채 비정규직의 정규직화를 외치는 것은 모순이라는 생각이 든다. 기업은 노사협의를 통해 임금 보전 방법을 강구하고, 국가는 사회적 임금을 공여해서 노동자의 내부 격차를 줄여야 한다. 무엇보다 노동조합의 이기적 독점 의식과 비정규직 배제 정책을 바꿔야

---

34) 이대희(프레시안 기자), 〈자동차산업 길찾기 4: 노동자 살리고 실업자 고용하고 회사는 성장하고〉, 2009년 6월 17일자. 네이버 블로그.
35) 단국대 산학협력단의 고용 형태별 근로 실태 조사. 한겨레신문 2012년 7월 5일자 사설.

하는데 이러기가 어렵다. 노사의 윈윈 전략인 생산성 동맹은 꿈도 꾸지 못한다.

　복지와 경제 민주화를 연결하는 현장 조직이 노사연대의 결과물인 생산성 동맹이다. 유럽의 노사협약은 대체로 노동과 자본의 '주고받는 정치'의 소산이다. 노동은 생산성 향상에 매진하고, 자본은 그 대가로 복지를 제공하고 경영 참여를 허용한다. 복지 제공은 증세로, 경영 참여는 노동권의 강화를 통해 구현된다. 그러므로 노사연대는 복지국가를 작동시키는 가장 중요한 열쇠이다. 이런 연결고리가 끊기면 다른 영역도 작동을 멈춘다. 사회 민주화의 쟁점인 노사협치를 도입하지 않으면 경영 참여, 이익 공유, 종업원지주제, 부가 연금, 공공주택 건립 같은 경제 민주화 조치들을 실행할 수 없다. 복지는 고용안정과 생산성 향상에 기여하는 사회적 임금에 해당하며 이는 곧 기업 경쟁력 향상으로 연결된다. 이는 기업이 가장 원하는 바인데, 복지 재정을 위해 기꺼이 증세정책에 동참하는 이유도 생산성 향상과 경쟁력 증진을 위해서다. 독일과 스웨덴의 기업이 40~60퍼센트의 법인세를 납부하고도 높은 경쟁력을 유지하는 것은 바로 노동자들이 생산성 향상에 매진할 수 있는 공공복지가 구비되어 있기 때문이다. 경제민주화가 실현되는 곳도 바로 여기다. 그런데 한국 일자리 정치의 실상은 빈곤하다. 각 영역마다 행위자들의 관심사가 다르고 이념 성향도 다르다. 서로 충돌할 수밖에 없다. '일자리 만들기'의 주역인 기업은 사회적 비난의 표적이자 '공공의 적'으로까지 몰린다. 경제 민주화를 저버린 양극화의 주범, 독점 이익의 포식자, 경제 윤리를 짓밟는 폭력배다. '일자리 지키기'에서 정부는 변죽만 울린다. 별로 효과 없는 프로그램 다발을 들고서 시늉만 한다. 공공기구들을 정비할 생각은 추호도 없고 투입 예산도 무상급식 예산보다 적다. '일자리 나누기'에서 강성 노동조합의 독식 성향은 모든 타협 가능성을 틀어막는다. 임금격차를 줄이라는 막중한 임무를 국가와 기업에 떠넘긴다. 860만 명에 달하는 비정규직 노동자들이 정규직 임금 60퍼센트에 불과한 임금을 받고 고용불안정에 내몰려도 이를 해결할 책임을 오직 기업과 국가로 전가한다. '일자리 만들기'와 '일자리 나누기' 영역에는 급진 좌파 이데올로기가 승하고, '일자리 지키기'엔 최소한의 개입주의를 고수하는 우파 이데올로기가 승하다. 타협의 경험, 합의의 지혜가 없는 기업과 노동은 극단적 독식주의로 무장해서 서로 충돌하고, 국가는 시장주의, 방관주의로 일관한다. 유연한 이념과 공공철학으로 돌아가야 할 '일자리 정치'에서 영역별로 좌우파 이념이 극성을 부리는 중인데, 이를 조정하고 연결고리를 만들 정치세력이나 시민단체는 없다. 일자리 만들기에는 우파 이념이, 일자리 나누기와 지키기에는 좌파적 연대 이념이 작동해야 한다. 이념이 터 잡은 위치를 바꿔야 한다. 좌우파의 막무가내식 충돌이 일자리 정치의 제1방정식을 망가뜨리고 있는데, 충돌의 피해는 이 시대를 살아가는 시민들이 감당해야 할 몫이다.

이런 상황에서 노동자들은 안심하고 생산에 임할 수 없다. 어느 날 갑작스럽게 정리해고 통지를 받았을 때에 생계문제가 먼저 떠오르는 나라, 잡상인과 잡역부 외에 생계를 유지하기 위한 다른 방법이 없는 나라에서 경제가 성장하고 생산성이 향상된다면 여기에는 틀림없이 구조적 모순이 숨겨져 있다. 한국인이 자랑스럽게 내세우는 '20K-50M 클럽'(인구 5000만 국가 중 1인당 국민소득 2만 불에 도달한 나라) 가입은 이렇게 가능했다.

한국에서 일자리 정치가 얼마나 취약한지는 쌍용자동차, 기륭전자, 한진중공업 사태가 웅변해준다. 스웨덴의 자존심 볼보자동차의 사례는 쌍용자동차와 극한 대조를 이룬다.[36] 미국 포드 사에 매각된 볼보는 2008년 3000여 명이 정리해고됐다. 이때 스웨덴 노동시장국을 비롯하여 직업보장협회와 직업안정기구들이 활발하게 가동되기 시작해 해고 노동자의 생계 보장과 재취업 혜택을 제공했다. 그 결과 2년 만에 60퍼센트가 복직하거나 재취업했고, 나머지 40퍼센트는 전직했거나 재적응 훈련에 임하고 있는 중이다. 중국 상하이차에서 인도 마힌드라로 매각된 쌍용자동차는 2009년 2600여 명이 정리해고됐지만, 모두 대책 없이 뿔뿔이 흩어져야 했다. 복직투쟁 과정에서 이십여명이 희생되어도 정치권과 시민사회에서 아무런 반응이 없다. 2012년 여름에야 겨우 국회 차원의 대책반이 꾸려졌는데, 재취업, 복직, 재훈련 등 노동시장의 제도적 기반이 없는 상태에서 국회의원이 할 수 있는 일은 많지 않다.

노동시장이 제대로 작동하지 않으면 우리가 매혹되는 보편적 복지에 필요한 복지 재정은 창출되지 않는다. 일자리 만들기와 지

---

36) 이서화, 〈대안은 있다-스웨덴 볼보의 경우〉, 경향신문 2012년 6월 26일자.

키기가 제대로 실행되지 않을 때 미취업자, 실직자, 빈곤층과 저소득층을 위한 보편적 복지의 길은 막힌다. 한국은 일자리 관리를 냉혹한 시장경쟁에 그냥 던져두고 '보편적 복지'를 말하는 국가다.

복지의 제1방정식인 '일자리 정치'가 이럴진대 그 뒤에 놓인 비취업자를 위한 보편적, 선별적 복지정책이 제대로 실현될 리 없다(❷ 점선 원). 이것이 '일자리 정치'로부터 수혈을 받아 작동하는 복지의 제2방정식이다. 일자리 정치의 요건이 '노사연대'이듯, 비취업자를 위한 복지정책은 '사회연대'를 전제로 한다. 기업과 취업자들이 납부하는 세금을 자원으로 가동되는 복지 영역이기 때문이다. '조세' 수입이 늘어나지 않으면 비취업자를 위한 공공복지는 위축된다. 비취업자를 위한 공공복지 유형은 다양하다. 사회보험, 사회 서비스, 공적 부조 등 전 영역에 걸쳐 다양한 프로그램들이 이미 개발되어 있고, 새누리당과 민주통합당은 표적집단의 새로운 수요에 맞춰 여러 종류의 복지 혜택을 공약으로 내놓았다. 예를 들면, 퇴직자들에게 제공되는 연금과 건강보험을 비롯하여 노령연금, 여성 복지 혜택, 출산장려금, 청년 및 장노년 취업 지원금, 워킹맘 취업 지원 등이 있고, 최근 정가를 달구는 반값 등록금, 무상급식, 무상 의무교육 등 무상복지 시리즈가 있다.

노동시장 외부에 놓인 비취업자들에게 제공하는 사회 서비스에는 돈이 무엇보다 중요하다. 지난 7월 한국에서 가장 부촌인 서초구의 무상보육이 예산 고갈로 전면 중단 위기에 처했다. 서울시에서 긴급 지원을 받기는 했지만 장기적인 재정 확보 방안이 없는 한 급작스레 늘어난 보육 아동을 감당할 수 없다. 장기화된 경기침체가 삼성 본부와 유수 기업들, 그리고 부유층이 몰려 있는 서초구의 지방세 재정을 악화시킨 탓이다. 이런 의미에서 복지의 '제2방정식'은 제1방정식의 함수다.

 일자리 정치가 제대로 가동돼야 보편적 복지를 시행할 여지가 넓어진다. 보편적 복지가 사회 연대를 증진하는 것이라면, 이는 또한 돈 내는 사람의 승인을 받아야 한다. 부자 증세로 빈곤층에게 소득이 이전되는 것을 부자들이 승인해야 한다. 격차사회의 문제를 해결해야 한다는 사회적 동의와 이를 실행하려는 시민의 의지, 즉 '사회연대'가 없으면 부자 증세는 곧 저항에 부딪친다. 노무현 정권 때에 우리는 부유층의 격렬한 저항을 이미 경험했는데, 부자 감세로 돌아선 이명박 정권에서는 역으로 빈곤층의 분노와 비난이 쏟아져 나왔다. 사회연대를 찾아볼 수 없는 국가에서 복지정책은 지그재그로 제자리걸음을 한다. 그러는 동안 양극화와 소득 불평등이 심화되는 것이다.

 두 개의 동심원은 서로 맞물려 돌아간다. 일자리 정치가 작동하면서 경쟁력이 향상되고 일자리가 창출되면 조세 수입이 증가하고 재정 자원이 쌓인다. 이 재정 자원이 비취업자들을 위한 공공복지에 투여된다. '복지=기업 경쟁력 강화=일자리 지키기'라는 등식이 왜 중요한지 여기서 확인된다. 노사연대와 사회연대는 '사회 민주화'의 소산이며, 사회연대의 도덕적 강제력에 의해 자본은 경제 민주화 대열에 동참한다. 앞에서 자본의 '자율적 변신'이 중요하다고 했는데, 사실상 사회연대의 도덕적 강제력이 없이 알아서 자율적으로 변신하는 자본은 존재하지 않는다. 자본의 본능은 규제를 원치 않기 때문이다. 그러나 생산성 향상과 경쟁력 증진이라는 자본의 본능을 지원하면, 자본을 복지와 경제 민주화의 파트너로 만들 수 있고, 유럽 국가도 이런 경로를 거쳤다. 노사연대와 사회연대는 결코 쉬운 일이 아니다. 기득권의 포기와 양보로부터 비롯된다. '공익'이라는 대의명분에 기여하려는 도덕적 의지가 작동하는 까닭이다.

평등주의 심성이 매우 강하고, 사회정의에 무한한 관심을 표명하는 우리들은 민주화 25년 동안 이를 실현하기 위한 제도의 창안과 도입에는 너무나 미숙했다. 이제 다시 복지와 경제 민주화라는 엄청난 과제가 던져졌는데, 전제조건인 노사연대와 사회연대에 대한 관심은 여전히 부족한 채로 프로그램 다발을 들고 이념투쟁의 난투장으로 들어서는 꼴이다. 일자리 정치엔 이미 이념투쟁이 내재되어 있다. 정권 심판도 좋지만, 먼저 심판하는 자와 심판받는 자가 공히 무엇에 실패했는지를, 또 그들에게 무엇이 결핍되어 있는지를 소통해야 한다.

선택의 기로에서

한국은 스웨덴이 아니고 독일도 아니다. 우리는 그들과 조건과 환경이 다르고 국민 기질도 다르다. 정당과 이념의 역사적 진화 과정 역시 다르다. 이 책에서 자주 사민주의 사례를 언급했지만, 우리의 현실을 비춰보려 했을 뿐 그쪽으로 가야 한다는 말은 아니었다. 사민주의 모델을 주장하는 학자들도 한국은 결코 그것을 실현할 수 없다는 사실을 잘 알고 있다. 필자가 연구해본 바로는 사민주의의 필수 조건이 몇 가지 있다. 인구는 2000만 명 정도가 최적이고, 조금 규모가 크더라도 정당 정치가 유권자의 계급 정체성에 기반해 작동해야 하며, 사민당과 노동조합 간의 정책 동맹이 상당히 긴밀하게 유지되고 발전해야 한다. 또 사민당이 시대 변화에 발맞추어 유연성, 예를 들면 '평등과 연대' '시장과 효율'을 적절히 배합하여 중산층을 끌어들이는 현실 적응력을 발휘해야 한다.

독일은 2005년 복지 감축을 골자로 한 '하르츠 4(Hartz Ⅳ)'를 가동해서 침체에서 벗어났을 뿐 아니라 유럽 경제의 사령탑에 복귀했다. '시장과 효율' 쪽으로 조금 움직였지만, 언젠가 분배가 악화되면 다시 '평등과 연대'로 이동할 것이다. 스웨덴도 지난 20여 년 동안 복지 감축 압박에 부딪혔는데 그런대로 꿋꿋이 버틴 몇 안 되는 나라다. 복지제도에 개인적 인센티브와 시장 요소를 조금 도입하고(예를 들면 개인연금을 허용해서 사적 요소의 비중을 늘리는 것), 수급 요건을 약간 강화해서 도덕적 해이를 방지했으며, 대대적인 복지 감축을 단행하지 않았다. 중산층이 원하지 않았을 뿐 아니라, 인구 규모가 상대적으로 작아 합의만 하면 언제든지 변신할 수 있을 거라는 자신감 때문이었다.

한국은 무질서한 가운데 뭔가 잘 돌아가는 듯도 하다. 무질서하지만 그런대로 작동했기에 경제대국 10위권에 입성했다. 그런데 국민소득 1만 불에서 2만 불에 이르는 데 OECD 국가 중에서 가장 오래 걸렸다는 사실을 잊지 말아야 한다. 잃어버린 시간이 그만큼 많았던 것이다. 왜 그랬을까? 지그재그로 달려왔기 때문이다. 공유하는 가치가 적어서 합의점을 도출하는 데 많은 시간이 걸렸고 그만큼 많은 갈등 비용을 지불했다. 민주화 25년 동안 진영논리가 맞붙어 사회는 극히 시끄러웠다. 소란했던 진보정권도, 마이동풍 보수정권도 겪었다. 지금 한국은 또 하나의 정권을 선택하려 한다. 그런데 아무리 생각해봐도 과거와 좀처럼 달라지지 않은 진영논리 중 하나를 골라야 하는 난감한 심정이다. '합의'가 아니라 '결판'을 내자는 선거다. 어느 쪽을 선택할래? 바로 이것이다. 과거 다섯 차례의 대선에서 정권을 잡은 세력은 곧 심판의 대상이 되었고, 다시 심판받은 자가 심판하는 자로 바뀌었다. 그러는 동안, 한국의 사회 민주화와 경제 민주화는 거의 진전되지 않았다. 복지국가는 시동을 건 상태에 놓여 있고, 경제 민주화는 요원하다. 양극화가 심화되고 분배 구조는 악화되었다.

 다시 양극화와 격차사회 문제의 해결을 약속하는 목소리가 호소력을 얻고 있다. 국민 정서가 그쪽으로 기울고 있는 모습이 역력하다. 시대적 과제가 해결되지 않은 채로 누적된 탓이다. 그런데 25년 동안 시행착오를 겪고도 성장과 분배, 효율과 평등, 시장과 국가의 이분법에서 어느 한쪽을 골라야 하는가? 시행착오를 오랫동안 겪었다는 점에서 필자는 이것을 '선택의 강요'라고 생각한다. 새누리당은 '시장'에서 한 발짝만 나왔고, 민주통합당은 '국가' 쪽으로 많이 걸어 들어갔다. 시장은 항상 공평하진 않았고, 국가권력도 항상 정의롭지는 않았다. 그러나 보수당은 다시 시장으로, 진보당은 국가로 귀의했다. 각자 영역별로 조각난 프로그램 다발을 들고 말이다. 이는 과거 25년간 반복해온 근시안적 정치, 후진국형 정치다. 정권별로 외치는 정의 개념이 달랐다. 서로 중첩되는 것도 계승하는 것도 없었다. 5년 연속과 5년 만의 단절이 반복되었다. 롤러코스터가 따로 없었다.

한국의 정치인들은 프로그램 개발자들(developer)이고, 한국의 정당은 프로그램 수집자(collector)들이다. 개발자와 수집자는 진영 논리에 편승해서 각자 안무한 광란의 춤을 춘다. 그 춤은 5년간 계속된다. 필자는 사실 이런 광경에 지쳤다. 지쳤다기보다 더 보고 싶지 않다. 왜 정책 대안에는 접점이 없는가? 왜 정권이 새로 들어설 때마다 이전 정책은 폐기처분되고 다시 새로운 대안들로 가득 차는가? 한국에는 각 분야의 전문가들이 대거 포진해 있다. 국책 연구소만 해도 수천 명의 박사들이 국가의 녹을 먹고 있다. 그런데 정교한 정책 연계망을 만들어내지 못한다면 말이 되는가?

수집자 집단에는 사령탑이 있어야 한다. 개발자가 들고 온 조각난 정책들을 조망해서 정교한 설계도로 만들어내는 지적 사령탑 말이다. 정책들이 서로 부딪쳐 빚어내는 충돌과 모순을 걷어내고 이념 적합성보다 실효성을 중시하는 종합설계소가 없기에 복지정책은 누더기로 변했고, 경제 민주화는 그저 재벌과 대기업 때려잡

기로 수렴되는 중이다. 이 책에서 누누이 강조했지만, 복지 아이디어는 수없이 많다. 그중 절박하고 요긴한 것만 선택 시행해도 우선 급한 불은 끌 수 있을 터다. 그러나 복지는 기업 경쟁력, 국가 경쟁력 강화를 전제해야 하고, 그러려면 '일자리 정치'에 집중해야 한다는 인식의 전환이 필요하다. 무상복지는 허상이다. 잘못하면 '복지는 무상'이라는 잘못된 인식을 심어줄 수 있고, 이를 돌이키는 데에 더 많은 비용이 들지 모른다. 무상복지는 밑 빠진 독에 물 붓기다. 새누리당의 맞춤형 복지는 주변적 접근에 의한 정책이다. 더 본질적인 영역을 채워야 한다.

'거대 자본의 과잉권력 통제'는 민주주의를 더욱 진척시키기 위해 이 시대에 요청되는 필수 과제다. 노동조합과 시민 권력, 언론과 방송이 '견제와 균형'을 이루기 위한 행동대를 맡아야 한다. 그러한 대안세력이 취약하기에 법률로 강제하려는 것인데, 자칫 잘못하면 경제에 적신호가 켜진다. 재벌 옹호론이 아니다. 재벌을 복지 파트너, 경제 민주화의 적극적인 실행자로 나서게 하려면 재벌들의 경쟁력 증진 방안도 동시에 강구하는 것이 균형 잡힌 태도다. 재벌은 독재시대 이후로 지금까지 국가정책에 의해 지그재그로 진화해온 범국민적 생산물이다. 재벌을 경제 민주화의 적으로 지목하면, 그로 인한 부작용에는 우리의 몫도 포함돼 있다. 일단 시행한 규제 조치는 정치적 결단을 내리지 않으면 풀기 어렵고, 이념을 달리하는 집단의 강력한 저항에 부딪힐 수 있다. 법률로 강제하기 전에 재벌들이 스스로 혁신에 나서는 것도 기대해볼 만하다.

우리는 언제까지 이분법적 선택을 강요받아야 하는가? 분명 복지와 경제 민주화 사이에 대립 전선이 그어져 향후 5년이 소란스러울 텐데, 지겹도록 겪어온 이분법을 다분법으로, 진영논리의 무한 대결을 조화로, 이념 척결을 국민적 포용과 화합으로 바꿀 새로운 공공철학은 무엇인가? 합의된 미래는 있는가? 이 책에서 잠시 소개한 실용적 자유주의가 아니더라도 상관없다. 일자리 정치가 아니더라도 상관없다. 우리가 가꿔온 자산을 두어 배로 불려 미래세대에 넘겨줄 수 있는 이념과 정치가 있다면 아무러면 어떠랴. 다투지 않고 공존을 허락하는 한국의 공공철학과 공공정책, 그것이 아쉽다.

| 맺음말 |

우리집
큰아이의 한마디!

    땅이 흔들린다는 말을 들어보셨는지? 지진 얘기가 아니다. 땅 투기를 감시하는 시골 면사무소 직원들이 자주 애용하는 말이다. 땅이 흔들린다? 외지인들의 투기가 극성을 부려 농지와 야산의 주인이 자주 바뀐다는 뜻이다. 투기 대상 농지는 우리가 먹을 곡식, 과일, 채소를 생산하지 못한다. 잡초만 무성하다. 면사무소 직원이 벌과금을 물려도 땅값 상승분에 비하면 아무것도 아니다. 실질적인 생산은 없어도 누군가 소득을 올리는 이상한 메커니즘이다. 전국적으로 이런 것을 다 합치면 결국 버블이 된다.
    필자에게는 딸이 둘 있다. 명랑한 미래세대원이다. 이 책의 초고가 대충 완성되었을 때 대학원에 다니는 딸이 한번 읽어보고 싶어했다. 소감은 한마디로 이것이었다. "우리의 미래가 흔들리는군!" 미래세대를 볼모로 기성세대가 투기를 하고 있는가? 아니, 기성세대의 투기행위에는 미래세대가 아예 없을지도 모른다. 낄 여지가 없기 때문이다. 새누리당에 엄친아를 초빙하고 민주당 전국구에 청년비례대표를 두어 석 배정해도 그들이 미래세대를 결집해 기성세대의 결정을 기각하거나 방향을 틀게 할 정도는 아니다.

세계 경제대국 10위권의 나라로 만드는 동안 기성세대는 미래세대를 완벽하게 배제했다. 가난함을 대물림하지 않으려고, 빈곤에서 벗어나려고, 다른 나라에 손 벌리지 않고 좀 떳떳이 살려고, 성장전선에 모든 것을 다 바친 인생이었다. 그걸 이루고 나자 자녀들에게, 미래세대에게 무슨 짓을 했는지 조금씩 깨닫기 시작했다. 집값과 땅값을 올렸고, 학비를 올렸고, 스펙을 올렸고, 결혼식 비용을 올렸다. 인생의 준비과정에서 이수해야 할 매뉴얼이 복잡해졌고, 사회 진입 비용이 엄청나게 인상됐다. 백수 청춘들에게 이 비용을 전가하는 것이 불가능함을 깨달은 기성세대는 스스로 떠안을 수밖에 없었다. 그걸 감당할 수 있는 자는 장애물 경기에 나선 자녀들의 능력을 높여줄 수 있었고, 그렇지 못한 자는 애처롭게 바라볼 수밖에 다른 도리가 없었다. 빈곤의 대물림, 사회적 지위의 대물림이 이제는 비상구가 없는 상황으로 점점 치닫고 있는 것이다.

과거에는 노력의 대가가 분명해 보였고, 기회도 많았다. 대학 시절, 운동권에 청춘을 바쳐도 그 시퍼런 문제의식으로 좋은 직장에 진입할 수 있었다. 이제는 불가능하다. 좋은 스펙 없이 좋은 직장, 성공한 인생은 꿈도 꾸지 못한다. 부모의 경제적 지원 없이 좋은 스펙은 생각할 수 없다. 예전 같으면 편의점 알바는 세상 경험이었다. 지금은 허덕이는 청춘, 애타는 부모, 탈출구 없는 덫을 상징한다. 미래세대를 새장으로 몰아넣고 그 비용을 기성세대가 고스란히 떠안았다. 이것이 '20K-50M 국가'를 일궈낸 기성세대의 부끄러운 자화상이다.

20K-50M 국가 중 기성세대가 사회적, 경제적 자원을 이렇게 독식한 나라가 있는가? 미래세대가 자신들의 능력을 배양하고 꿈을 펼치는 데에 이렇게 비싼 비용을 부과한 나라가 있었던가? 비용뿐만 아니라 학력 경쟁을 위시해 복합 경쟁의 다중적 기준을 강요한 나라가 있었던가? 젊은 세대는 자연스레 반격에 나섰다. 결혼과 출산을 미루고 사회 진입 비용을 기성세대에게 돌려주기 시작한 것이다. '늙은 자녀'를 돌보는 비용이 급증했다. 독식한 재산을 그것에 투자해야 했다. 투자할 여력이 있는 층도 훨씬 길어진 인생주기를 생각하면 자신의 금고에 노후자금을 갈무리해야 한다. 여력이 없는 층은 한국의 오랜 관습인 운명과 팔자에 맡겨야 한다. 일인 가족 증가, 독거노인 급증, 자녀들에게 모든 것을 쏟아부은 노령층의 빈곤율 상승, 이 모

든 것이 걷잡을 수 없는 한국의 사회적 트렌드가 되었다. 그래서 기성세대는 일종의 역사적 질문에 당면했다. 누가 우리를 돌볼 것인가, 나아가 누가 경제대국 한국을 지탱할 것인가? 우리가 버려뒀던 과제가 무엇이었던가? 복지와 경제 민주화가 한국사회의 최고의 쟁점으로 떠오른 배경이다.

그런데 '어떤 복지인가?', '어떤 경제 민주화인가?'를 두고 보수와 진보가 맞붙는다. 선진국과는 너무 다른 복합적이고도 특이한 한국적 결핍증을 '민주 대 반민주' 구도로 수렴시켜 격돌로 치닫고야 마는 정치권의 저돌적 행보는 오랫동안 고착된 기성세대의 이분법적 '마음의 습관'에서 한 발짝도 벗어나지 못한 것이다. '효율성' 논리에 집착하는 보수에 대해 진보는 '불만과 분노'로 대적한다. 한국의 현실 모순은 두 이념의 각축전으로 풀릴 성격의 것은 결코 아니며 가장 중요한 현실논리가 빠져 있다는 점을 강조했다. 필자는 이 접점을 '일자리 정치'에서 찾고자 했다. 그것은 복지의 생산성과 지속가능성을 증진하는 뇌관이다. 이 뇌관을 만드는 것이 보수와 진보의 공동기획이자 출발점이다. 그것을 전제로 두 가지, 사회연대를 형성하는 최소한의 공동 구역을 구축하고, 미래세대의 사회 비용을 낮추는 쪽으로 나아가야 한다. 방법은 다를 수 있겠지만 목표의 우선순위는 바뀔 수 없다.

이분법 사회의 청산은 시세와 처지에 대한 정확한 진단으로부터 실익과 공익을 최대화하려는 대중적 지혜다. 이념적 논리를 단지 참고할 레퍼런스로 격하시키고 대중적 판단과 공론을 권력 집행의 가장 중대한 기준으로 격상하는 책임정치의 출발점이다. 비좁은 땅, 강대국에 둘러싸인 위태로운 한반도에서 이념전쟁을 종식하고 좌우 연립정권의 실마리를 찾아보려는 의욕적 기획이자, 기성세대의 치명적 실수와 직무유기를 직시하고 미래세대를 국가운영의 중심축에 놓으려는 진보적 권고다.

"우리의 미래가 흔들리는군!"

이 말이 모이고 모여 기성세대를 흔들고, 정치권을 뒤흔드는 일대 지각변동으로 진화하기를 진정으로 바란다. 기성세대가 팽개쳤던 역사적 과제, 복지와 경제 민주화는 분노를 연대로 바꾸고 미래세대의 자유로운 꿈을 살피는 신중하고 정교한 기획이어야 한다. 기성세대가 독식한 사회적, 경제적 자원을 빈자와 부자, 젊은 세대와 기성세대가 다 같이 공유하는 공적 재산으로 떼어내 사회적 연대의 공동구역을 만드는 것, 더 나은 사회를 만들고자 하는 젊은 세대의 꿈의 비용을 낮추는 것을 가장 중요한 기준으로 삼아야 한다는 말이다. 그 진부한 이념투쟁과 소모적 혼란을 일으키지 않고 미뤘던 과제를 차근차근 실행하는 차기 정권을 기대한다. 좌파가 잡든, 우파가 잡든, 일자리 정치를 중심축으로 한 협치(協治)의 가능성이 망각되지 않기를 바라는 것이다.

서울대 송호근 교수의 이분법 사회를 넘어서

초판 1쇄 인쇄 2012년 9월 3일
초판 5쇄 발행 2012년 10월 5일

지은이 송호근
펴낸이 김선식

Chief Editorial Creator 우재오
Design Creator 최부돈

Creative Design Dept. 최부돈 박효영 김태수 손은숙 이명애 조혜상
Creative Marketing Dept. 이주화 원종필 백미숙 이예림
          Online Team 김선준 박혜원 전아름
          Public Relation Team 서선행
          Contents Rights Team 김미영
Creative Management Dept. 김성자 송현주 권송이 윤이경 김민아 한선미

펴낸곳 (주)다산북스
주소 경기도 파주시 회동길 37-14
전화 02-702-1724(기획편집) 02-6217-1726(마케팅) 02-704-1724(경영지원)
팩스 02-703-2219
이메일 dasanbooks@hanmail.net
홈페이지 www.dasanbooks.com
출판등록 2005년 12월 23일 제313-2005-00277호

필름 출력 스크린그래픽센타
종이 (주)월드페이퍼
인쇄·제본 스크린그래픽센타

ISBN 978-89-6370-908-6 03320

· 책값은 뒤표지에 있습니다.
· 파본은 구입하신 서점에서 교환해드립니다.
· 이 책은 저작권법에 의하여 보호를 받는 저작물이므로 무단 전재와 복제를 금합니다.